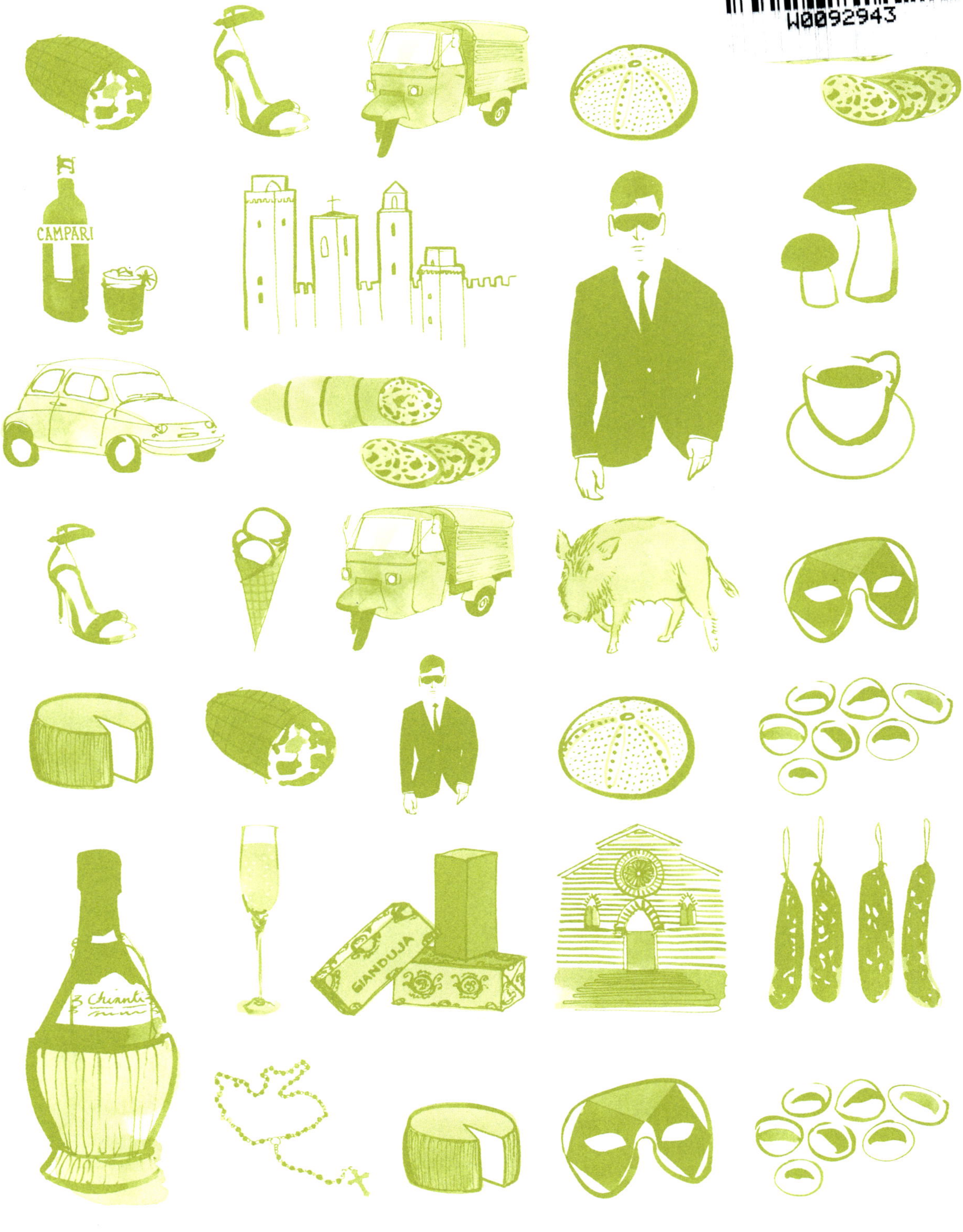
CAMPARI
GIANDUJA
Chianti

So schmeckt
ITALIEN

Authentische Rezepte
und Geheimtipps aus
erster Hand

CHRISTIAN

INHALT

Einleitung 6

Nordostitalien 8
Heiße Suppen, wärmende Polenta und Risottos dominieren in Italiens Nordosten. Kombiniert mit einigen der regionalen Gemüse ergeben sich Mahlzeiten, die sowohl bodenständig als auch elegant sind.

Nordwestitalien 64
Hier bieten die Wälder reiche Erträge – von schwarzen und weißen Trüffeln bis zu Haselnüssen für Kuchen. An der Küste drehen sich viele Rezepte um in Salz eingelegte Sardellen, Thunfisch und Stockfisch.

Zentralitalien 124
Die zentralen Regionen Italiens bieten einige der feinsten Gerichte – von frischen, nach Steinpilzen duftenden Pasta-Mahlzeiten bis zu Wildeintöpfen.

Süditalien 174
Vor allem hier wird die mediterrane Küche zelebriert: mit frischem Grillfisch, Zitronenaromen und Salaten mit Wildkräutern, die mit kaum mehr als etwas regionalem grünem Olivenöl angerichtet sind.

Grundrezepte 264

Rezeptquellen 266

Register 268

Danksagungen 270

EINLEITUNG

Italienisches Essen: viel geliebt und überall auf der Welt adaptiert. Es gibt mehr internationale Interpretationen von Pizza, Pane und Pasta pomodoro, als Italiener in Italien leben. Daran erkennt man, wie groß der Reiz dieser scheinbar einfachen Küche ist – wie authentisch diese Adaptionen sind, ist damit jedoch noch lange nicht beantwortet.

Vergessen Sie Jamie's »Genial Italienisch«! Wir haben 60 Rezepte von Italiens oberem Stiefelrand bis zur Stiefelspitze, von Küste zu Küste zusammengestellt: 60 Gerichte, die wir an den Orten gesammelt haben, an denen sie entstanden sind. Nigella Lawson macht vielleicht ein perfektes *pollo arrosto* und das »River Café« in London eine kultige *zuppa alle vongole*, aber wie einer der von uns vorgestellten Köche aus Genua sagt: Anders als die französische Küche stammt die italienische nicht aus einer Tradition großer Köche, sondern von Müttern und Großmüttern. Und um Gerichte so zuzubereiten, wie es *la mamma* früher gemacht hat, muss man zur Quelle gehen, zu den Familien, von denen diese typischen Gerichte ursprünglich stammen oder die sie von ihren Vorfahren übernommen haben und sie lebendig halten. Die Geschichten dieser Menschen erzählen wir hier – anhand ihrer Rezepte, ihrer Restaurants und ihrer großen Liebe zu dem fruchtbaren Boden, auf dem sie leben.

Italienisches Essen ist unkompliziert, auf die Familie ausgerichtet und immer eine Feier einfacher Zutaten – eine perfekte Pizza margherita, *spaghetti aglio e olio*, ein Caprese-Salat, dessen Dressing aus nichts weiter als einem regional erzeugten und vor Ort gepressten Olivenöl besteht. Und meistens ist weniger mehr. Eine Handvoll einfacher Zutaten bester Herkunft kann zu einer köstlichen Mahlzeit werden. Die Produkte Italiens – von seinem Getreide und seinen Weintrauben bis zu seinen Oliven und Trüffeln – bilden kulinarische Landkarten. Italien ist die Heimat der Slow-Food-Bewegung und ein Paradies für diejenigen, die sich saisonal, regional und nachhaltig ernähren möchten. Denn die Rezepte der italienischen Küche sind eng verbunden mit der Erde und dem Meer, aus denen ihre Zutaten stammen.

Die Rezepte in diesem Buch sind nicht nach »Antipasti«, »Erster Gang« oder »Zweiter Gang« unterteilt, sondern vier großen Landesteilen zugeordnet. Jede zugehörige Region hat wiederum ihre eigenen, vor Ort angebauten Zutaten, aus denen einfache, geniale Gerichte gezaubert werden. Von *spaghetti al ragù* in Bologna bis zu einer klassischen *pizza a portafoglio* in Neapel, von mit der Hand hergestellten *orecchiette* in Apulien bis zu *vitello tonnato* im Piemont präsentieren wir Ihnen die Gerichte, die zu einer Provinz gehören, zu einer Stadt, zu einer mittelalterlichen Gemeinde oder einem Dorf hoch oben auf einem Berg. Oft sind die Rezepte seit Generationen weitervererbt worden und viele Zutaten tragen amtliche Ursprungsprädikate (DOC für Denominazione d'Origine Protetta und IGP für Indicazione Geografica Protetta), die garantieren, dass sie wirklich nur aus dem Ort oder Gebiet kommen, in dem wir das Rezept für Sie aufgeschrieben haben.

Wie bei jeder großen Reise durch ganz Italien werden Sie in diesem Buch wahrscheinlich einigen alten Lieblingsorten wiederbegegnen, aber hoffentlich auch Neues erfahren und – da sind wir ganz sicher – großartige neue Essenskreationen entdecken. Die Gerichte bieten für jeden etwas, von einfachen Antipasti wie zum Beispiel *bagna caoda* und in 15 Minuten zubereiteten gefüllten Zucchiniblüten, die auf jedem Partytisch eine Attraktion sind, bis zu technischen Herausforderungen von Gastronomiegrößen wie Massimo Bottura und Norbert Niederkofler und dazu noch ein paar Backrezepte alla *nonna*.

Buon appetito!

NORDOSTITALIEN

Die absolute Vorherrschaft in Italiens Nordosten haben heiße, brühebasierte Suppen, cremig warme Polenta und Risotto. Nimmt man dazu die formvollendeten Gemüse des Landes – mit Schnörkeln geschmückte Blätter des hübsch violetten Radicchio, Artischockenköpfe, die selbst für ein Blumenarrangement geeignet wären, und uralte Wurzeln von alpinen Hängen –, ergibt das zusammen eine Speisekarte, die sowohl bodenständig als auch elegant ist.

I SOFFICI AI TRE PARMIGIANI IN BRODO DI GALLINA FIDENTINA
Parmesan-Brot-Klößchen in Hühnerbrühe mit Gartengemüse
Seite 10

FÜNF VERSCHIEDENE PARMESANKÄSE
Seite 14

PRESSKNODEL
Knödel mit Graukäse
Seite 20

BACCALÀ MANTECATO
Stockfisch-Creme auf Polenta-Crostini
Seite 24

TORTELLINI IN BRODO
Tortellini in Brühe
Seite 28

RISOTTO ALL'ISOLANA
Risotto all'Isolana
Seite 32

TAGLIOLINI CON SCAMPI E CARCIOFI
Tagliolini mit Scampi und Artischocken
Seite 36

TORTELLI DI ZUCCA
Kürbis-Tortelli
Seite 42

STINCO DI MAIALINO, INSALATA DI CAPPUCCIO, CANEDERLO AL TORCIONE E SALSA AL CUMINO
Spanferkelhaxe mit Kohlsalat, Knödeln und Kümmelsauce
Seite 46

TAGLIATELLE AL RAGÙ
Tagliatelle al ragù
Seite 52

RISOTTO AL RADICCHIO DI TREVISO E PROSECCO
Risotto mit Radicchio aus Treviso und Prosecco
Seite 56

TIRAMISÙ
Seite 60

I SOFFICI AI TRE PARMIGIANI IN BRODO DI GALLINA FIDENTINA CON VERDURA DELL L'ORTO

Parmesan-Brot-Klößchen in Hühnerbrühe mit Gartengemüse

Diese Klößchen sind so leicht und locker, dass sie mit deutschen Brotklößen oder den oft etwas schweren Gnocchi oder auch mit polpette di pane *rein gar nichts zu tun haben. Die unverwechselbaren* soffici *von Massimo Spigaroli, Küchenchef im »Antica Corte Pallavicina«, werden von drei Arten Parmesan mit DOP-Prädikat aus der Emilia-Romagna veredelt und in einer köstlichen Hühnerbrühe serviert.*

Koch //
Massimo Spigaroli
Ort //
Restaurant »Antica Corte Pallavicina«
Polesine Parmese

Soffici bedeutet »locker-flockig« – und diese einfach herzustellenden Brotklößchen sind genau das: locker und leicht trotz der Reichhaltigkeit des Parmesankäses. Die Klößchen enthalten drei Sorten Parmesan mit DOP-Prädikat: Parmigiano Reggiano di Pianura (aus dem flachen Land), Parmigiano Reggiano di Colline (aus den Hügeln) und Parmigiano Reggiano di Montagna (aus den Bergen). Die Bezeichnungen beziehen sich auf die Höhe, in der die Kühe grasen, die die Milch für den Käse liefern. Denn Geschmack und Fettgehalt ändern sich mit den von den Kühen gefressenen unterschiedlichen Gras- und Kräuterarten. Wenn man jedoch diese leicht unterschiedlichen Sorten Parmesankäse nicht bekommt, kann man auch nur eine gut ausgereifte Sorte nehmen.

Der Gasthof »Antica Corte Pallavicina« liegt in Polesine Parmense im Herzen der Emilia-Romagna und von dort schaut man über die weite Po-Landschaft. Zum Gasthof gehört eine Farm, auf der die Schweine für Spigarolis berühmten *culatello di zibello* gehalten werden. Neben diesem lange gereiften Schinken ohne Knochen aus dem Muskelfleisch der Keule schmeckt ein normaler Schinken geradezu alltäglich. Auf dem Anwesen werden im Jahr nur ein paar Tausend dieser im Keller gereiften Schinken produziert, von denen die meisten an Italiens erste Restaurants verkauft werden. Folglich wurde Spigaroli so etwas wie ein internationaler Botschafter der italienischen Küche, aber der in Polesine Parmense geborene Gastronom bleibt seiner Heimat verhaftet und die meisten Zutaten für den Gasthof »Antica Corte Pallavicina« kommen aus der näheren Umgebung.

Das Fidentina-Huhn für dieses Gericht (eine Rasse aus dem Ort Fidenza in der Emilia-Romagna) wurde auf der Farm aufgezogen, das Gemüse wuchs im eigenen *orto* (Küchengarten) und der Käse ist natürlich DOP-Parmesan, gereift in den weitläufigen Kellern des Farmhauses aus dem 14. Jahrhundert. Wenn man es nicht einrichten kann, das ländliche Anwesen zu besuchen, um die *soffici* zu probieren, kann man in Parma, gastronomischer Mittelpunkt der Emilia-Romagna, jeden Samstagmorgen auf dem Bauernmarkt in der Via Imbriani die Produkte des Gasthofs »Antica Corte Pallavicina« kaufen.

I SOFFICI AI TRE PARMIGIANI IN BRODO DI GALLINA FIDENTINA CON VERDURA DELL'ORTO

Parmesan-Brot-Klößchen in Hühnersuppe mit Gartengemüse

Für 6 Portionen
Zubereitungszeit: 1 Stunde 30 Minuten

Für die Klößchen
50 g Parmigiano Reggiano di Pianura
50 g Parmigiano Reggiano di Colline
50 g Parmigiano Reggiano di Montagna (oder statt dieser drei Parmesankäse 150 g gut gereiften Parmiggiano Reggiano)
300 g Ricotta
50 g Semmelbrösel
1 Ei (Größe M)
1 Prise Salz
1 Prise frisch geriebene Muskatnuss

Für die Brühe
2 l Hühnerbrühe (siehe Seite 265)
200 g saisonale Gemüseblätter (zum Beispiel Grünkohl, Weißkohl, Spinat, Sprossen), in etwas nativem Olivenöl extra gebraten

1 Den Parmesankäse reiben und dann mit allen anderen Zutaten für die Klößchen vermischen und 1 Stunde im Kühlschrank ruhen lassen.

2 Vom Teig jeweils ein kleines Stück abnehmen und daraus kleine Kugeln mit etwa 1,5 cm Durchmesser formen.

3 Die Brühe zum Kochen bringen, abschmecken und eventuell nachwürzen, dann die Klößchen hinzufügen und 5 Minuten kochen lassen.

4 Vor dem Servieren die Gemüse als Garnierung hinzufügen.

FÜNF VERSCHIEDENE PARMESANKÄSE

Massimo Bottura, nationaler Star, international bekannter Koch und vor allem Meister der Küche der Emilia-Romagna, erklärt, warum seine Kreation »Fünf verschiedene Parmesankäse« nicht nur ein Rezept ist, sondern ein Gedicht auf die kulinarischen Traditionen seiner Region. Und warum (oder wenigstens wie) man es zu Hause probieren sollte.

Ursprünglich wurde das Gericht als ›Drei Texturen und Temperaturen von Parmigiano Reggiano‹ entwickelt. Einige Jahre später bestellte ein vornehmer Farmer mit Namen Umberto Panini das Gericht. Ich bereitete es ihm zu, verwendete aber nicht drei, sondern vier Texturen und Temperaturen: Ich fügte gekühlten Schaum, ein Soufflé-Klößchen, eine Sauce und einen Kräcker hinzu – so ergab sich eine abstrakte Form. Nach der Mahlzeit lud Umberto uns in seinen Milchbetrieb nahe Modena ein. ›Ich möchte Ihnen gern zeigen, was *stagionatura* (reifen/würzen) für ein Käserad bedeutet‹, sagte er, ›das könnte für Ihr Rezept vielleicht von Nutzen sein.‹

Und das war es. Die feinen Unterschiede zwischen einem 24 und einem 50 Monate alten Käse veränderten das Rezept radikal. Die Eigenschaften variieren je nach Alter, Landschaft, Rasse der Milchkuh und deren Ernährung. Wir brachten Parmigiano-Käseräder in der ganzen Region unter und markierten sie mit handgeschriebenen Etiketten: ›nicht öffnen bis …‹ Während unsere Käseräder reiften, entwickelte sich das Rezept entsprechend.

Dann versuchten wir mit einem 50 Monate alten Käse unser Glück. Wir kochten die dunkle Rinde, gaben den geriebenen Käse hinzu und ließen die Brühe 2 Tage zum Marinieren stehen. Abgegossen bekamen wir das reinste Parmigiano-Wasser, das man sich vorstellen kann. Durch ein Verwirbeln mit dem Stabmixer stieg die Flüssigkeit in die Luft und blieb dort stehen. Aus einem festen, gealterten Käse hatten wir etwas Ätherisches, fast Unsichtbares kreiert. Ein monochromes Weiß-auf-Weiß-Bild, eine Skulptur, die in Nebel, Schweigen und *stagionatura* gebadet war: ein Porträt der Landschaft Emilia. Und wir hatten nur 20 Jahre dafür gebraucht!

Parmigiano Reggiano ist nicht nur irgendein gealterter Käse; er ist der Inbegriff der Emilia und der Eckpfeiler der italienischen Küche. Im 12. Jahrhundert von Benediktiner-Mönchen kreiert, werden für ein 40 Kilogramm schweres Käserad etwa 500 Liter Milch gebraucht. Die geronnene Milch wird in Kupferkesseln gerührt und auf 55 °C erhitzt, wobei der Käse sich von der Molke trennt und eine feste Masse bildet, die dann in eine Form gepresst wird. Die jungen Käseräder lagern zunächst 30 Tage in Salzwasser und reifen danach auf langen Holzbrettern. Der echte Parmesan ist Parmigiano Reggiano, nicht Grana Padano oder andere ähnliche Sorten. Den echten Parmesan erkennt man an seiner Rinde. Wenn das Zeichen ›Parmigiano Reggiano‹ darin eingebrannt ist, ist er echt.«

Koch //
Massimo Bottura
Ort //
Osteria »Francescana«, Modena

FÜNF VERSCHIEDENE PARMESANKÄSE TEIL 1

Für 4 Portionen
Zubereitungszeit: 1 Stunde

Für das Demi-Soufflé
etwas natives Olivenöl extra zum Einfetten
200 g Bioricotta
einige Kirschholzspäne
 (erhältlich in Onlineshops)
60 g Eiweiß
100 g Parmigiano Reggiano
 (24 Monate alt), gerieben
40 g Crème double
Salz
frisch gemahlener weißer Pfeffer

1 Für das Demi-Soufflé Aluminium-Timbaleförmchen (8 x 4 cm) einfetten. Den Backofen auf 180 °C Ober-/Unterhitze vorheizen.

2 Den Ricotta im geschlossenen Ofen etwa 3 Minuten über den Kirschholzspänen räuchern.

3 Das Eiweiß schlagen, bis es steife Spitzen bildet. Den Ricotta schlagen. Den Parmigiano mit der Crème double vermischen, mit dem Ricotta verrühren, dann Salz und Pfeffer dazugeben.

4 Das geschlagene Eiweiß unter die Mischung heben, alles in die Timbaleförmchen füllen und 45 Minuten dämpfen.

5 Vorsichtig aus den Timbaleförmchen lösen und zum Servieren das Soufflé in Nocken formen.

Hinweis

Da die Zubereitung der anderen drei Komponenten spezieller Küchengeräte bedarf, stellen wir nur die zwei Rezepte vor, die sich leicht realisieren lassen.

FÜNF VERSCHIEDENE PARMESANKÄSE TEIL 2

Für 4 Portionen
Zubereitungszeit: 3 Stunden plus Ruhezeit über Nacht

Für die Parmesankräcker
100 g Parmigiano Reggiano (40 Monate alt), gerieben
100 g kohlensäurehaltiges Mineralwasser

1. Parmesan und Mineralwasser in einem Topf langsam zum Kochen bringen, bis der Käse anfängt, Fäden zu ziehen.

2. Den Topf vom Herd nehmen und 2 Stunden bei Zimmertemperatur stehen lassen. Die Flüssigkeit abgießen und den Käse über Nacht in den Kühlschrank stellen.

3. Den Backofen auf 170 °C Ober-/Unterhitze vorheizen. Den kalten Käseteig 1 mm dünn ausrollen und flach auf eine Silikonmatte legen.

4. Im Ofen 12 Minuten backen oder bis eine dünne Waffel entsteht. Bei Zimmertemperatur abkühlen lassen, dann in vier Teile brechen. Diese wiederum in Dreiecke mit einer Seitenlänge von etwa 5 cm brechen.

PRESSKNODEL
Klöße mit Graukäse

»Die Berge kochen« heißt die Philosophie hinter dem Essen, das Norbert Niederkofler zaubert. Er ist Koch im »Rosa Alpina«, einem exklusiven Hotel im Stil eines Alpenlandhauses in San Cassiano, hoch oben in der Region Alta Badia in Südtirol. Der Koch und Ernährungswissenschaftler sorgt für eine Renaissance alter Produkte, die uralten Rezepten spritziges, neues Leben einhauchen.

Jedes Jahr im Februar bestellt Norbert Niederkofler ungefähr 450 Gemüse vor. »Das ist alles, was wir für das ganze Jahr brauchen«, erklärt er, »unsere Lieferanten ziehen das Gemüse dann und wir arbeiten nur mit dem, was wir haben. Es gibt Jahre, da gab es wegen des Regens bis Mitte August keine Tomaten. Aber das war immer die Realität der Berge: sehr regional, sehr saisonal.«

Im »St. Hubertus«, dem Zwei-Sterne-Restaurant des Hotels »Rosa Alpina«, verwendet Niederkofler viele fast unbekannte Gemüse. Bevor er sich entschieden hatte, sie zu nutzen, waren einige schon fast ausgestorben. Durch Niederkoflers Kochen mit alten Gemüse- und traditionellen Käsesorten sowie Wild entstand in den umliegenden Gemeinden ein Netzwerk aus Bauern, Köchen, Naturforschern, Naturschützern und kleinen Geschäftsleuten.

Auch wenn Niederkofler als Koch einen internationalen Namen hat, ist er jemand, der hierhergehört. Geboren ist er im nahen Valle Aurina, wo er kochen gelernt hat. Dieses Gericht hat er von seiner Mutter übernommen: traditionelle *pressknodel*, Klöße aus Graukäse, dem von der Slow-Food-Organisation das Prädikat »Presidio« für ein schützenswertes Produkt verliehen wurde und der in der Region in Erdkellern reift, wobei auf der Rinde graugrünlicher Edelschimmel wächst. »Das ist ein harter Arme-Leute-Käse«, sagt Niederkofler, »in den Höhenplateaus von Tibet wird aus Yak-Milch auf die gleiche Art Käse hergestellt. Berge sind überall auf der Welt gleich: Man arbeitet und erntet im Sommer, um Essen zu lagern und den Winter zu überleben.«

Mit einer leichteren Version dieser traditionellen Suppe möchte Niederkofler einen reinen Geschmack der Berge kreieren. »Ich mag Essen mit purem, kräftigem Geschmack. So wie es Kinder mögen. Alle denken, der Gaumen von Kindern bevorzugt Süßes – das stimmt nicht. Er mag bittere, salzige, saure Sachen. Wenn man als Kind echte Geschmacksrichtungen geboten bekam, kommt man immer wieder zu diesen zurück.«

Zu weiteren von Alta Badia inspirierten Lieblingsgerichten Niederkoflers gehören »Alte Gemüse süßsauer« und »Rote-Bete-Gnocchi«. »Am wichtigsten für die Zubereitung eines Gerichts sind die Zutaten«, sagt Niederkofler, »und wir müssen fragen: Wie präsentiert uns die Natur diese Zutaten?« Seine Gerichte wollen auch diese Frage beantworten: Die Gnocchi sind auf dem Teller ausgelegt, wie ein Maler vielleicht einen Garten darstellen würde, mit dunkelroten Gnocchi in Rote-Bete-Form, grünen Blättern und Erde aus Holzkohle und getrocknetem Brot. Fantasievoll, fantastisch, aber im Kern traditionell tirolerisch.

Koch //
Norbert Niederkofler
Ort //
Restaurant »St. Hubertus«, Alta Badia

PRESSKNODEL
Klöße mit Graukäse

Für 4 Portionen
Zubereitungszeit: 1 Stunde 30 Minuten

Für die Klöße
1 Zwiebel, fein gehackt
50 g Butter
150 g Weißbrot, in Würfel geschnitten
70 g Graukäse, in Würfel geschnitten
2 Eier (Größe M)
30 ml Milch (3,5 % Fett)
Salz
frisch gemahlener schwarzer Pfeffer
2 l Gemüsebrühe

Für den Kohlsalat
200 g Spitzkohl, fein geschnitten
Salz
1 TL Kreuzkümmelsamen
40 g Schalotten, gehackt
natives Olivenöl extra
4 EL Rotweinessig
100 ml Gemüsebrühe
1 frisches Lorbeerblatt
frisch gemahlener schwarzer Pfeffer

1 Für die Klöße die fein gehackten Zwiebeln in einem Klecks Butter anschwitzen. Weißbrot, Graukäse (1 EL Käse vorher abnehmen), Eier und Milch hinzufügen, mit Salz und Pfeffer alles gut verkneten. Die Mischung 30 Minuten ruhen lassen.

2 Aus der Mischung kleine, runde Knödel formen und mit der Hand flach drücken. Auf beiden Seiten in der restlichen Butter goldbraun braten.

3 In einem Topf die Gemüsebrühe mit dem beiseitegestellten Käse zum Kochen bringen. Die Klöße darin 7–8 Minuten kochen.

4 Für den Kohlsalat den fein geschnittenen Kohl in eine Schüssel geben, das Salz und den Kreuzkümmelsamen hinzufügen.

5 Die Schalotten in etwas heißem Olivenöl anschwitzen. Essig, Brühe und das Lorbeerblatt dazugeben, Salz und Pfeffer hinzufügen und die Sauce reduzieren. Das Lorbeerblatt herausnehmen und entsorgen. Den Kohl mit der Sauce überziehen.

6 Ein paar Klöße in der Brühe servieren, ein paar herausheben und auf dem Kohlsalat anrichten.

BACCALÀ MANTECATO DEL BANCOGIRO
Stockfisch-Creme auf Polenta-Crostini

Vielleicht verkörpert kein anderes Essen Italiens frühe maritime Geschichte so sehr wie Stockfisch oder *baccalà*. Dieser getrocknete Kabeljau aus dem Norden wird von Seeleuten und reichen Kaufleuten gleichermaßen gern gegessen und landete im 15. Jahrhundert in den venezianischen Docksan. Der Koch Jacopo Capponi serviert den getrockneten Fisch in seinem Restaurant »Bancogiro« am Canale Grande als Gourmet-Fingerfood.

Koch //
Jacopo Capponi
Ort //
Osteria »Bancogiro«

Schlechtem Wetter verdanken wir es, dass *baccalà* in die italienische Küche Einzug hielt. Heftige Stürme trieben schiffbrüchige venezianische Kaufleute im 15. Jahrhundert in ihren Rettungsbooten über den Nordatlantik bis zu den Lofoten-Inseln Norwegens – das war der Beginn eines regen Handels mit Stockfisch oder *baccalà*, der bis heute andauert.

Seit langer Zeit wird der für Stockfisch verwendete Kabeljau in der Barentssee gefischt, schon bei den Wikingern galt es als köstlicher konservierbarer Genuss und sie deckten sich damit für ihre langen Seefahrten ein. Der für Italien bestimmte Stockfisch wird besonders sorgfältig ausgewählt, die besten Fische eines Fangs werden gekennzeichnet und anders als die im Mittelmeerraum sonst verbreitete gesalzene Version ganz natürlich in Wind und Sonne getrocknet. Venezianische Gerichte favorisieren diesen ungesalzenen Stockfisch und *baccalà mantecato* ist eine Zubereitungsart, die besonders geschätzt wird. Jacopo Capponi serviert den Fisch als reichhaltiges Häppchen aus einer cremigen Fischmischung auf knusprigen Polentascheibchen.

Die Osteria »Bancogiro« ist eine der vielen *cicchetterie*-(Tapas-)Bars, die die Kanäle rund um den Rialto-Markt säumen. Die Bar liegt in einem alten Gemüselagerhaus nahe dem Fischmarkt. Dort wird täglich frisch Gourmet-Fingerfood serviert, das hübsch angerichtet die Passanten zu einem Aperitif mit Blick auf den Canale Grande verführen soll. Die Krönung der Auslage, *baccalà mantecato*, mag nach ein oder zwei Bissen verschwunden sein, aber die Zubereitung dauert lange und erfordert ein gewisses Maß an Erfahrung. Das traditionelle Rezept sieht im Gegensatz zu anderen Methoden zur Herstellung der leichten Fischcreme eine Mischung aus Öl und Wasser statt Milch vor.

»Kabeljau wird bei Sonne und Wind ohne Salz getrocknet und da der Fisch nicht fett ist, wird er hart wie Holz. Wenn Sie ihn essen wollen, klopfen Sie ihn mit dem Messerrücken, bis er dünn wie Nervenfasern wird, und dann würzen Sie ihn mit Butter und Gewürzen, damit er besser schmeckt.«

Pietro Querini, venezianischer Kaufmann aus dem 15. Jahrhundert, dem zugeschrieben wird, den baccalà *aus Norwegen nach Italien gebracht zu haben.*

BACCALÀ MANTECATO DEL BANCOGIRO
Stockfisch-Creme auf Polenta-Crostini

Für 6–9 Crostini
Zubereitungszeit: 1 Stunde 30 Minuten plus Einweichzeit für den baccalà

500 g baccalà, gewaschen
Salz
2 frische Lorbeerblätter
2 Knoblauchzehen, abgezogen, die Hälfte einer Knoblauchzehe für den Topf, der Rest gehackt
Salz
frisch gemahlener schwarzer Pfeffer
1 l Sonnenblumenöl
6–9 Polenta-Crostini (alternativ Ciabatta-Scheiben, gegrillt oder getoastet)
einige Safranfäden

1. Den getrockneten Fisch 36 Stunden in einer Schüssel mit Wasser einweichen. Das Wasser mehrmals wechseln.

2. Eventuell vorhandene Gräten oder Schuppen entfernen und den Fisch in mehrere große Stücke schneiden.

3. Fisch in einem Topf in frischem, leicht gesalzenem Wasser mit den Lorbeerblättern und der halben ungehackten Knoblauchzehe etwa 45 Minuten kochen, dabei ab und zu umrühren und dabei den sich bildenden Schaum abschöpfen.

4. Fisch abgießen, die Lorbeerblätter und die halbe Knoblauchzehe entfernen. Fisch mit der Hälfte des gehackten Knoblauchs in eine hohe Schüssel legen, Salz und Pfeffer dazugeben.

5. 1,5 l Wasser und das Sonnenblumenöl separat, aber gleichzeitig auf eine Temperatur zwischen 60 °C und 80 °C erhitzen und dann vorsichtig mit einem Schneebesen oder einem Holzlöffel immer abwechselnd schnell in die Fischmischung einrühren, sodass Wasser und Öl emulgieren.

6. Weiterrühren, dabei nach Geschmack Salz und Pfeffer hinzufügen, bis die Mischung eine glatte, cremige Textur hat. Eventuell braucht man etwas mehr Öl oder Wasser, je nach der Aufnahmefähigkeit des Fisches.

7. Die Fischcreme auf mit Öl bestrichenen Polenta-Crostini oder kleinen Scheiben gegrilltem oder getoastetem Ciabatta-Brot geben, mit Safranfäden garnieren und servieren.

TORTELLINI IN BRODO
Tortellini in Brühe

Diese traditionelle Pasta-Suppe wird im Winter in ganz Italien als wärmendes Gericht serviert. In ihrer »Geburtsstadt« Bologna isst man sie jedoch das ganze Jahr über mit Begeisterung. Michele Roda ist berühmt für seine Pasta und serviert tortellini in brodo *im »Da Gianni«, einem einfachen Restaurant in einem alten Kellergewölbe im Herzen von Bolognas mittelalterlichem Viertel Quadrilatero.*

Koch //
Michele Roda
Ort //
Trattoria »Gianni À La Vécia Bulàgna«, Bologna

Der Entwicklung dieses Rezepts zu folgen, bedeutet, der Geschichte Bolognas zu folgen. *Tortellini in brodo* gibt es in dieser Stadt schon seit dem 15. Jahrhundert, damals zubereitet von einer Gruppe bärtiger Renaissance-Köche, die die ersten Kochbücher des Landes schrieben. Allerdings veränderte sich im Laufe der Jahre die Füllung. Damals konnten sich die Bologneser solche Delikatessen wie Schinken, Mortadella und Parmesankäse nicht leisten, heute machen jedoch genau diese Zutaten aus der Suppe ein wahres Wohlfühlessen für alle Tage.

Michele verwendet für die Füllung nur Schinken, Mortadella und Parmesankäse aus Bologna und dem nahen Parma, ihren Herkunftsorten. »Die Füllung ist leicht herzustellen und die Zutaten sind heute überall auf der Welt problemlos zu bekommen. Der schwierige Teil ist die Pasta«, sagt Michele, »das Ausrollen der *sfoglia,* des frischen Nudelteigs mit Ei, ist eine echte Tradition der Emilia-Romagna, die oft seit Generationen in derselben Familie weitergegeben wird.«

»Gianni À La Vécia Bulàgna« – so lautet der volle, aber selten benutzte Name des einfachen Restaurants – wird von Michele und seiner Ehefrau geführt; beide kommen aus Familien, in denen es seit Generationen Köche gab. Michele lernte das Kochen bei seinem Vater, einem gebürtigen Bolognesen, und hat in Küchen gearbeitet, seit er 14 war. Und auch wenn er die Herstellung von Pasta liebt – er ist Experte darin –, beteuert er, dass seine frühe Zeit als Koch dafür verantwortlich ist, dass er noch immer gern Süßes nascht.

TORTELLINI IN BRODO
Tortellini in Brühe

Für 4–6 Portionen
Zubereitungszeit: 4–5 Stunden

Für die Brühe
½ Huhn
200 g Ochsenknochen
300 g Sellerie, Karotten und Zwiebeln,
   geschält bzw. abgezogen
500 ml Rinderbrühe
Salz

Für die Füllung
100 g Schweinelende
50 g Schinken
100 g Mortadella
Salz
frisch gemahlener schwarzer Pfeffer
frisch geriebene Muskatnuss
100 g Parmesankäse, gerieben
2–3 Eier (Größe M)

Für den Nudelteig
4 Eier (Größe M)
500 g italienisches Hartweizenmehl (Type 00)
   plus etwas für die Arbeitsfläche
1 Prise Salz
ein paar Spritzer Wasser, falls nötig

1 Für die Brühe das halbe Huhn, Ochsenknochen, Sellerie, Karotten und Zwiebeln in einen Suppentopf geben, mit 1,5 l Wasser und Rinderbrühe bedecken und bei hoher Temperatur zum Kochen bringen.

2 Etwas Salz hinzufügen, abdecken und 2–3 Stunden köcheln lassen, dabei ab und zu Schaum und Fett abschöpfen.

3 Abschmecken und eventuell nachsalzen. Durch ein feines Sieb (ideal ist Porzellan) in einen großen Behälter abgießen und auf Zimmertemperatur abkühlen lassen. Die Brühe kann abgedeckt über Nacht im Kühlschrank aufbewahrt werden. Vor der Weiterverwendung noch einmal das Fett abschöpfen.

4 Wenn die Tortellini fertig sind (siehe Schritte 7–12), die Brühe zum Kochen bringen, die Tortellini hineingeben und etwa 8 Minuten köcheln lassen, bis sie an die Oberfläche steigen.

5 Für die Füllung Schweinelende, Schinken und Mortadella zweimal durch den Fleischwolf drehen.

6 Mit Salz, Pfeffer und Muskat abschmecken und gründlich mit dem Parmesan und den Eiern vermengen, sodass eine weiche Fleischmasse entsteht, ähnlich einer feinen Fleischboulette.

> »Traditionell haben wir früher ein Holzbrett benutzt, um den Nudelteig zu strecken, und eine Frau eingestellt, die sfoglina genannt wurde, um diese Arbeit fachkundig auszuführen. Man kann auch eine Maschine zum Ausrollen verwenden, aber das Zusammendrücken des Teigs und das Umschließen der Füllung erfordert noch immer einiges Geschick.«
>
> *Michele Roda*

7 Den Nudelteig entsprechend der Anleitung auf Seite 264 herstellen.

8 Nudelteig mit einer Nudelrolle oder in der Nudelmaschine ausrollen und dann in 3–4 cm große Quadrate schneiden. In die Mitte jedes Quadrats eine etwa 1 cm dicke Kugel der Füllung setzen.

9 Um die Tortellini zu schließen, die Ränder jedes Quadrats mit etwas Wasser einpinseln. Den Teig diagonal falten, sodass die Füllung in dem entstehenden Dreieck liegt. Teigränder fest zusammendrücken.

10 Mit dem Daumen die Mitte des unteren langen Randes des Dreiecks behutsam hoch zur Spitze drücken. Das Gebilde sieht jetzt ein bisschen wie ein Piratenhut aus.

11 Nun die zwei unteren Enden nehmen, nach vorn einen Kreis damit bilden und zusammendrücken.

12 Mit dem restlichen Teig genauso verfahren und die fertigen Tortellini auf eine leicht bemehlte Arbeitsfläche setzen. Sie können etwa 1 Stunde bei Zimmertemperatur vor dem Kochen in Brühe ruhen. Will man sie länger aufbewahren, abdecken und in den Kühlschrank geben.

RISOTTO ALL'ISOLANA

Dieses Gericht stammt aus Isola della Scala im Herzen von Veronas Reisanbau-Ebenen. Gabriele Ferron ist der »maestro del riso« im altehrwürdigen Riso Ferron, der Heimat von Italiens ältester, noch immer arbeitender Reismühle, der »Pila Vecia«.

Reis, die »Perle des Orients«, kam aus dem Orient nach Venedig und wurde schnell zu einer Grundzutat für Suppen, Salate, Süßspeisen und – natürlich – Risotto. Mit dem ernsthaften Anbau des exotischen Korns begann man in Italien im 16. Jahrhundert und seitdem ist die Landschaft im Norden davon geprägt. In den Ebenen Veronas durchkreuzen seit Jahrhunderten Bewässerungssysteme das Land, die die Pflanzen in den Reisfeldern mit mineralreichem Quellwasser aus dem Karstuntergrund versorgen.

Das Austrocknen und erneute Fluten der Felder erscheint wie eine sanfte Ebbe und Flut, aber es ist eine fachmännisch von Menschen dirigierte Bewegung, deren Perfektion für die Reisqualität entscheidend ist. Genauso entscheidend ist die Verarbeitung der Körner in der Reismühle. In Italien gehörte der Reismüller, genannt *piloto*, lange zu den angesehensten Handwerkern.

In Riso Ferron, wo seit 1650 Reis gemahlen wird, hat diese Fähigkeit alte Wurzeln. Die Mühle »Pila Vecia« im Ort, die am längsten kontinuierlich arbeitende Reismühle Italiens, produziert Premiumreis wie zum Beispiel den Riso Nano Vialone mit dem Qualitätsprädikat IGP. Diese alte Sorte wird in einem langwierigen Prozess mit strikten Kontrollen der Feuchtigkeit, des Entspelzens und Polierens gewonnen, der die Körner wie Perlen schimmern lässt und sie robust macht, sodass sie nicht so leicht zerkochen.

Gabriele Ferron serviert im Restaurant »Pila Vecia« in der Mühle Risotto all'Isolana. Um die Zubereitung dieses Gerichts geht es auch beim alljährlichen Reisfestival »Sagra del Riso« im Herbst in Isola della Scala, bei dem der Gewinner mit dem »Chicco d'Oro« (Goldenes Korn) geehrt wird.

Ferron begann mit 14 Jahren in Veronas Restaurants zu arbeiten und schon bald entwickelte er eine Leidenschaft für mit Reis zubereitete Gerichte. Er ist Mitbegründer des Konsortiums für den Schutz von Vialone Nano Veronese, eine Reissorte, die fast schon ausgestorben war. Heute ist Ferron so etwas wie ein Botschafter für Veronas gefeiertes Korn und arbeitet international mit Organisationen wie den Vereinten Nationen zusammen, um die Produktion der edlen Reissorte zu fördern und zu schützen.

Ferrons Passion gehört dem Reis und auch diesem Gericht. Er empfiehlt, es *all'onda* (wie eine Welle) zu kochen, mit gerade genug Brühe, um die Aromen der anderen Zutaten aufzunehmen, aber so, dass der Reis al dente bleibt und einen eigenen Geschmack behält.

Koch //
Gabriele Ferron
Ort //
Restaurant »Pila Vecia«, Riso Ferron

RISOTTO ALL'ISOLANA

Für 4 Portionen
Zubereitungszeit: 1 Stunde

40 g Butter
1 Zweig frischer Rosmarin plus einige frische Zweige zum Garnieren
150 g Schweinelende, in 1 cm große Stücke geschnitten
150 g mageres Kalbfleisch, in 1 cm große Stücke geschnitten
Salz
frisch gemahlener schwarzer Pfeffer
etwas trockener Weißwein
700 ml Fleischbrühe
320 g Vialone-Nano-Reis
50 g Parmesan, gerieben
1 Prise gemahlener Zimt

1 In einem Topf 30 g Butter und den Rosmarinzweig bei geringer Temperatur erwärmen.

2 Wenn die Butter sich golden färbt, den Rosmarinzweig entfernen und das klein geschnittene Fleisch hinzufügen. Die Temperatur erhöhen.

3 Das Fleisch braun anbraten, mit Salz und Pfeffer bestreuen und mit dem Weißwein ablöschen. Das Fleisch bei geringer Temperatur durchgaren.

4 In einem zweiten Topf die Brühe zum Kochen bringen, den Reis einrieseln lassen und mit einem Holzlöffel umrühren. Den Topf abdecken.

5 Wenn die Brühe wieder kocht, die Temperatur reduzieren und den Reis abgedeckt etwa 15 Minuten kochen lassen.

6 Etwa die Hälfte des Fleisches hinzufügen, den Reis bei geschlossenem Deckel weich kochen.

7 Den Topf vom Herd nehmen, das restliche Fleisch mit der Sauce, den geriebenen Parmesan mit dem Zimt und die restliche Butter hinzufügen. Alles behutsam vermengen, sodass eine cremige Textur entsteht.

8 Vor dem Servieren mit Rosmarinzweigen garnieren.

TAGLIOLINI CON SCAMPI E CARCIOFI
Tagliolini mit Scampi und Artischocken

Im Mittelpunkt dieses Gerichts stehen Artischocken, die durch die Wasser der Lagune von Venedig eine besondere Ausprägung erfahren haben. Sie stammen von der Insel Sant'Erasmo – dem Küchengarten Venedigs –, wo Salzwasser und Wind den leuchtend violetten Distelpflanzen einen einzigartigen Duft und Geschmack verleihen.

Dieses Gericht ist mit den Sardellen aus der Adria und den Artischocken aus der Lagune von Venedig vom Meer inspiriert. Die wie eine Mondsichel geformte Lagune erstreckt sich zwischen dem italienischen Festland und dem adriatischen Meer und wird von Flüssen, aber auch dem Salzwasser der Adria gespeist. Das Wasser ist reich an Fischen und Meeresfrüchten, und auf der Insel Sant'Erasmo, der größten Laguneninsel, gedeihen erstklassige landwirtschaftliche Produkte. Erbsen, Spargel und Artischocken sind von bester Qualität und werden auf dem Gemüsemarkt des Ortes im Frühling sehr geschätzt.

Am begehrtesten sind *castraure,* junge Baby-Artischocken, deren Herzen man roh mit ein paar dünnen Scheiben Parmesan und etwas Olivenöl isst. Auch in der Toskana, auf Sardinien und in Ligurien werden diese Artischocken angeboten, aber die Frühlingsernte der *Carciofi Violetto di Sant'Erasmo* ist von solcher Güte, dass sie einen geschützten Status ähnlich dem Prädikat *Denominazione di Origine Protetta* erlangt haben. Das ist eine Distel, die einen Tusch verdient.

Im Frühling sind diese Artischocken die Stars der Speisekarte der Osteria »Acquastanca«. Für dieses moderne, frische Pasta-Gericht werden sie für ein traditionelles regionales Geschmackserlebnis mit Scampi kombiniert. *Acquastanca* ist ein Ausdruck für das »ruhige Wasser« beim Wechsel der Gezeiten und damit ein passender Name für ein Restaurant, das inzwischen in der Lagune von Venedig so etwas wie ein Refugium für Feinschmecker geworden ist. Es gehört zu den Restaurants, die vor Kurzem in Murano eröffnet haben, der Inselgruppe, die für ihre altehrwürdige Glasbläserindustrie bekannt ist.

Doch man sieht keinen einzigen kitschigen Kronleuchter in der Osteria »Acquastanca«, einer ehemaligen Bäckerei, die von Caterina Nason und ihrer Schwägerin Giovanna Arcangeli umgestaltet wurde. In den gepflegten Räumen dominieren gebürsteter Stahl und Beton und schon jetzt sind sie ein angesagter Ort sowohl für Menschen, die traditionelle venezianische Gerichte genießen möchten, als auch für solche, die lernen wollen, sie zuzubereiten. Die Chefin Caterina Nason hat eine Karriere als Architektin an den Nagel gehängt und wurde als autodidaktische Köchin Restaurantbetreiberin. 2012 eröffnete sie das »Acquastanca«, doch inzwischen leitet sie auch eine sehr gut besuchte Kochschule. Wenn eine Leidenschaft zum Beruf wird, tut man meist das Richtige!

Köchin //
Caterina Nason
Ort //
Osteria »Acquastanca«,
Venedig (Murano)

TAGLIOLINI CON SCAMPI E CARCIOFI
Tagliolini mit Scampi und Artischocken

Für 4 Portionen
Zubereitungszeit: 1 Stunde

1 kg ganze frische Scampi
½ mittelgroße Zwiebel
½ Karotte
1 kleine Stange Sellerie
natives Olivenöl extra
2 frische Lorbeerblätter
1 Scheibe von 1 unbehandelten Zitrone
Salz
frisch gemahlener schwarzer Pfeffer
125 ml trockener Weißwein
500 g Artischocken
1 Knoblauchzehe, in Scheiben geschnitten
300 g frische Eier-Tagliolini

1. Scampi waschen und in je vier Teile teilen: die beiden Scheren, den Kopf und den Körper. Einen oder zwei Scampi zum Garnieren ganz lassen.

2. Mit einem Messer Scampi am Rücken entlang einschneiden, Schale entfernen und vorsichtig den schwarzen Darmfaden mit der Messerspitze herausziehen.

3. Für die Fischbrühe Zwiebel abziehen, Karotte und Sellerie schälen und mit etwas Olivenöl, den Lorbeerblättern und der Zitronenscheibe in eine große Pfanne geben.

4. Ein paar Minuten anbraten, dann die Scampiköpfe mit etwas Salz und Pfeffer hinzufügen.

5. Mit der Rückseite eines Löffels die Scampiköpfe ausdrücken, damit ihr Saft austritt. Mit dem Wein ablöschen.

6. 500 ml Wasser hinzufügen und 20 Minuten köcheln lassen. Die Brühe durch ein Sieb abgießen und beiseitestellen.

7. Für die Sauce die Artischocken säubern und schälen. Die äußeren, harten Blätter bis zum zarteren inneren Teil entfernen. Die harte Schale am Boden entfernen, als würde man einen Apfel schälen, dann den Stiel schälen und so abschneiden, dass etwa 1 cm erhalten bleibt. Das obere stachelige Drittel der Blüte abschneiden und wegwerfen.

TAGLIOLINI CON SCAMPI E CARCIOFI
Tagliolini mit Scampi und Artischocken

8 Die Artischocken in Viertel schneiden und mit 125 ml Wasser, etwas Olivenöl, den Knoblauchscheiben, Salz und Pfeffer in einen Topf geben.

9 Den Topf abdecken und die Artischocken 20 Minuten kochen oder bis das Wasser verdampft ist und die Artischocken weich sind.

10 In einer großen Bratpfanne 4 EL Olivenöl erhitzen, ein paar Kellen Scampibrühe und ein paar ganze Scampi hinzufügen. 3-4 Minuten erwärmen.

11 Die Tagliolini in einem großen Topf in kochendem Salzwasser al dente garen.

12 Artischocken mit den Scampi zusammen kurz sautieren und dann sofort mit der Pasta mit den ganzen Scampi garniert servieren.

TORTELLI DI ZUCCA
Kürbis-Tortelli

Dieses Gericht wird traditionell Weihnachten zubereitet, weil dann üblicherweise fleischlos gegessen wird. Tortelli di zucca sind wohl das bekannteste Rezept aus Mantua. Die süßsaure Füllung für die Tortelli ist eine Kombination aus Amaretti-Keksen, Kürbis, säuerlichem Senf-Chutney und reichhaltigem Grana Padano.

Köchin //
Vera Caffini
Ort //
Restaurant »Aquila Nigra«, Mantua

Für dieses Gericht werden Tortelli, dicke Pasta-Kissen ähnlich großen Ravioli, mit Kürbis gefüllt, der im Herbst in Mantua in Hülle und Fülle wächst. Die Hauptzutat der Tortelli mag in der ganzen Region die gleiche sein, aber jedes Dorf und jedes Haus hat sein eigenes Rezept, das die Füllung der Tortelli auf seine Art verfeinert. Bei Vera Caffini geht es vor allem um die perfekte Balance zwischen süß und sauer. Serviert werden diese Tortelli in Mantuas Restaurant »Aquila Nigra« unter Fresken aus dem 14. Jahrhundert, die über dem Essraum einen eleganten Baldachin bilden. Der Pasta-Teig wird so dünn ausgerollt, dass die Kürbisfüllung durchscheint.

Die perfekt al dente gekochten Tortelli kommen in einem tiefen Teller mit geschmolzener Butter und geriebenem Grana Padano auf den Tisch. Das Salzige des Käses stellt eine perfekte Ergänzung zu den leicht bitteren Amaretti und dem süßen Kürbis dar. Fügt man der Füllung nun noch eine regionale Variante der *mostarda di cremona* hinzu, nämlich ein fruchtiges Senf-Chutney namens *mostarda senapata*, das mit *mele di campanina* (regionale, saure Kochäpfel; nicht wässrig und behalten beim Kochen ihre Form) hergestellt wird, hat man ein Primi-Gericht in perfekter Harmonie.

Vera, die zu der beeindruckenden Liste weiblicher Köchinnen in Mantua gehört, kommt aus einer Familie, die seit Generationen in der Gastronomie tätig ist. Schon in jungen Jahren half sie in der elterlichen Trattoria. Ihr Restaurant liegt mitten im ältesten Viertel der zum Weltkulturerbe der UNESCO gehörenden Stadt Mantua. Sein Name nimmt Bezug auf das mittelalterliche Symbol des Stadtviertels, einen schwarzen Adler – *aquila nigra*. Der alte Renaissance-Palast, in dem sich das Restaurant befindet, gehörte einst der mächtigen Gonzaga-Familie und im »Aquila Nigra« wurde das Essen zubereitet, das Isabella d'Este Gonzaga, die Marquise von Mantua, bevorzugte. Der Legende nach hat sie die Köche ihres Hofes zur Herstellung dieser köstlichen kleinen Päckchen inspiriert.

TORTELLI DI ZUCCA
Kürbis-Tortelli

Für 5–6 Portionen
Zubereitungszeit: 45 Minuten für die Füllung, etwa 45 Minuten zum Schneiden und Füllen der Pasta

Für die Füllung
1 kg Butternut-Kürbis (geschält) oder anderer Kürbis, in große Stücke geschnitten
2–3 EL natives Olivenöl extra
Salz
frisch gemahlener schwarzer Pfeffer
150 g Grana Padano, gerieben, plus etwas zum Servieren
150 g Frucht-Senf-Chutney (erhältlich in italienischen Feinkostläden), klein gehackt
150 g Amaretti-Kekse, klein gehackt
1 Prise frisch geriebene Muskatnuss
Abrieb von 1 unbehandelten Zitrone
100 g Semmelbrösel

Für die Tortelli
600 g frischer Eier-Nudelteig (siehe Seite 264) oder Nudelteigblätter aus einem italienischen Feinkostladen
1 EL Butter, geschmolzen

1. Für die Füllung den Backofen auf 180 °C Ober-/Unterhitze vorheizen. Die Kürbisstücke auf einem mit Backpapier ausgelegten Backblech verteilen. Mit etwas Olivenöl beträufelt und mit Salz und Pfeffer bestreut 40 Minuten oder bis sie weich sind backen.

2. Kürbisstücke pürieren und dann Grana Padano, Frucht-Senf-Chutney, Amaretti, Muskatnuss, Zitronenabrieb und Semmelbrösel hinzufügen.

3. Alles gut vermengen und abschmecken. Die Mischung soll die Konsistenz eines dicken Breis haben. Wenn sie zu wässrig ist, etwas mehr Semmelbrösel hinzufügen. Die Füllung im Kühlschrank ruhen lassen, während man die Pasta ausrollt.

4. Für die Tortelli den Nudelteig etwa 2 mm dick ausrollen. Mit einem Teigrädchen in etwa 5 x 7 cm große Rechtecke schneiden.

5. Nun auf jede Rechteckhälfte etwa 1 gehäuften TL der Füllung setzen. Die andere Hälfte darüberklappen und die Ränder mit den Fingerspitzen gut festdrücken. Die Päckchen dürfen nirgends Löcher aufweisen.

6. Die fertigen Tortelli in einem großen Topf mit reichlich sprudelnd kochendem Salzwasser etwa 6 Minuten kochen. Bei einem Tortelli überprüfen, ob es durchgegart ist, dann alle abgießen und gut abtropfen lassen.

7. Sofort mit geschmolzener Butter und geriebenem Grana Padano servieren.

Tipp

Butternut-Kürbisse sind gut erhältlich und weniger wässrig als andere Kürbissorten, die man außerhalb Mantuas findet.

STINCO DI MAIALINO COTTO A BASSA TEMPERATURA, INSALATA DI CAPPUCCIO, CANEDERLO AL TORCIONE E SALSA AL CUMINO

Spanferkelhaxe mit Kohlsalat, Knödeln und Kümmelsauce

Die Region Alto Adige gehört zwar zu Italien, ist aber in ihrer Kultur, Sprache, Geschichte und Küche sehr eigenständig. Vor dem Ersten Weltkrieg gehörte diese Südtiroler Gegend zu Österreich, deshalb ist das Essen hier stark von den Kochtraditionen Tirols beeinflusst. Ein Beispiel dafür ist diese Spanferkelhaxe mit Knödeln, die in dem Bergdorf Corvara im Restaurant »La Stüa de Michil« serviert wird.

Es gibt keinen besseren Ort als die Tiroler Bergregion Alta Badia, um einen Eindruck von der ladinischen Kultur zu bekommen. Gemütliche Holzhäuser bieten in den Hängen der Dolomiten Schutz und man spricht eher Ladinisch – die alte rätoromanische Sprache der Viehhalter dieser bergigen Region – als Italienisch. Gleichfalls einzigartig ist die Küche der Gegend. »Dieses Rezept ist sehr tirolisch«, sagt Nicola Laera, Koch im »La Stüa de Michil«, »es hat wenig mit Italiens Küche zu tun, es ist sehr stark von österreichischen Essenstraditionen beeinflusst.«

Früher war Fleisch in Alta Badia ein rares Gut, Grundnahrungsmittel waren traditionell Milchprodukte. »Knödel sind typisch für diese Region«, sagt Nicola, »wir haben hier immer Mehl, Wasser, Eier und Milch gehabt. Viel mehr nicht. Nimmt man dazu Schnittlauch und Kohl – ein in der Gegend reichlich vorhandenes Gemüse –, hat man schon eine Mahlzeit. Gebratenes Fleisch hat man auch gegessen – traditionell mit Kümmel zubereitet, um die Verdauung zu fördern –, aber es wurde in heißen Holzfeueröfen gegart. Dieses Rezept mit langsamer Garmethode sorgt dafür, dass das Fleisch zart wird.«

Nicola Laera ist der Küchenchef im »La Perla«, einem Hotel in einer alten ladinischen Berghütte, in der der aus dem 15. Jahrhundert stammende Wohnbereich mit den hölzernen Wänden in den gemütlichen Essraum des Restaurants umgewandelt wurde. Das Restaurant ist eines von einer eindrucksvollen Anzahl Restaurants in Südtirol, die mit Michelin-Sternen ausgezeichnet wurden. Diese italienische Provinz ist von allen italienischen diejenige mit den meisten Michelin-Sternen: 22 Sterne gab es hier für 19 Restaurants.

Nicola, Sohn eines renommierten Kochs aus Apulien und einer Ladinerin, ist einer der Köche der Region, die an Alta Badias innovativer Veranstaltung »Slope Food« teilnehmen. Dabei können in der Wintersaison skifahrende Gourmets auf 14 an den Skipisten gelegenen Hütten leckere Häppchen genießen, die mit den besten Südtiroler Weinen kredenzt werden. Der Standard ist hoch und die Berge sind es auch, aber die Preise sind erschwinglich. Gleichzeitig ist das Skigebiet in Alta Badia ausgezeichnet und verbunden mit Italiens berühmtem Skirundkurs »Sella Ronda«, etwa 40 Kilometer miteinander verbundener Abfahrten und Lifte vor dem Panorama von wie mit Puderzucker bestaubten Bergen.

Die Landschaft ist hier sanfter als Österreichs Alpenregion und man kann noch immer Spuren der *vie ferrate* (wörtlich »Eisenwege«, im Deutschen als Klettersteig bezeichnet) finden, wo Soldaten im Ersten Weltkrieg Hilfsmittel aus Eisen in die Felsen trieben, um unentdeckt die sich ständig verändernden Grenzen überqueren zu können. Heute mag Südtirol die höchste Konzentration von Sternerestaurants haben, aber das Leben in diesen Bergen war nicht immer so zivilisiert.

Koch //
Nicola Laera
Ort //
Restaurant »La Stüa de Michil«,
Alta Badia

STINCO DI MAIALINO COTTO A BASSA TEMPERATURA, INSALATA DI CAPPUCCIO, CANEDERLO AL TORCIONE E SALSA AL CUMINO
Spanferkelhaxe mit Kohlsalat, Knödeln und Kümmelsauce

Für 6 Portionen
Zubereitungszeit: 8–9 Stunden

Für das Fleisch
etwas Dijon-Senf
Salz
frisch gemahlener schwarzer Pfeffer
1 ½ TL Kreuzkümmelsamen
4 Spanferkelhaxen
1 Karotte, geschält und in Viertel geschnitten
1 Stange Sellerie, geschält und
 in Viertel geschnitten
1 Zwiebel, abgezogen und in Viertel geschnitten
200 ml naturtrübes Bier

Für die Kümmelsauce
500 g Schweineknochen
100 g Mirepoix (zwei Teile Zwiebeln,
 ein Teil Sellerie und ein Teil Karotte)
etwas natives Olivenöl extra
1 Bouquet garni
1 TL Tomatenmark
1 Spritzer trockener Weißwein
1 TL Kreuzkümmelsamen

Für die Knödel
1 weiße Zwiebel, abgezogen und gewürfelt
50 g Haselnussbutter
300 g Knödelbrot (altbackenes Weißbrot, in
 kleine Würfel geschnitten; es geht auch ein
 Baguette oder Ciabatta)
200 ml Milch (3,5 % Fett)
2 Eier (Größe M)
30 g Parmesan, gerieben
1 EL frische Schnittlauchröllchen
Salz
frisch gemahlener schwarzer Pfeffer
1 TL frisch geriebene Muskatnuss

1 Senf, Salz, Pfeffer und Kümmel ein paar Minuten in die Spanferkelhaxen einmassieren. Mit dem in Viertel geschnittenen Gemüse und dem Bier in einen Topf geben.

2 6 Stunden bei 100 °C kochen, dabei die Haxen immer wieder begießen.

3 Für die Sauce den Backofen auf 250 °C Ober-/Unterhitze vorheizen. Die Schweineknochen in einer einzigen Lage in einen Bräter legen und rösten, bis sie etwas gebräunt sind – das dauert etwa 30 Minuten.

4 Mirepoix mit etwas Olivenöl gleichmäßig um die Knochen verteilen. Zusammen etwa 45 Minuten rösten, bis alles tiefbraun ist.

5 Knochen und Gemüse in einen Suppentopf füllen, eventuelles Fett entsorgen und bei mittlerer Temperatur auf den Herd stellen. Ein paar Tassen Wasser in den Bräter gießen und mit einem Holzlöffel den karamellisierten, konzentrierten Saft vom Boden kratzen.

6 3 Minuten köcheln lassen und dann die Flüssigkeit aus dem Bräter in den Topf mit den Knochen geben. Bouquet garni und Tomatenpüree hinzufügen. Knochen mit kaltem Wasser bedecken und bei mittlerer bis hoher Temperatur mindestens ein paar Stunden kochen. Zur Oberfläche steigendes Fett abschöpfen.

7 Die Sauce durch ein feines Metallsieb streichen und in einen Topf geben. Weißwein hinzufügen und die Sauce bei mittlerer bis hoher Temperatur bis zu einer sirupartigen Konsistenz reduzieren. Kümmel anrösten und zur Sauce geben.

Für den Kohlsalat
½ Kopf Weißkohl
1 EL Weißweinessig
1 TL Grapefruitkernöl
1 TL Kreuzkümmelsamen
Salz
frisch gemahlener schwarzer Pfeffer

8. Für die Knödel die Zwiebelwürfel in der Haselnussbutter anschwitzen und dann mit Brot, heißer Milch und brauner Butter, Eiern, Parmesan und Schnittlauch in eine Schüssel geben. Mit Pfeffer und Muskat würzen, salzen.

9. Teig behutsam durchkneten, dann in der Schüssel mit einem feuchten Küchentuch bedeckt 20 Minuten ruhen lassen.

10. Teig in die Mitte eines sauberen, trockenen Küchentuchs legen und in eine nicht zu dicke Wurstform rollen. Etwa alle 2,5 cm entlang der Wurst das um sie gerollte Tuch mit Bindfaden festbinden. In einen Topf mit kochendem Wasser legen und 25–30 Minuten köcheln lassen.

11. In der Zwischenzeit den Kohl in feine Streifen schneiden und 30–40 Minuten in einer Mischung aus Weißweinessig, Grapefruitkernöl, Kreuzkümmelsamen, Salz und Pfeffer marinieren.

12. Wenn die Teigwurst genügend abgekühlt ist, um sie anzufassen, in Knödel schneiden und diese neben der Spanferkelhaxe auf einem Bett aus Kohlsalat servieren.

Tipp

Wenn sich das Fleisch am Ende der Garzeit nicht knusprig hochwölbt, etwas Knoblauch, Butter und Rosmarin in einem Topf erhitzen und die Haxe damit begießen.

TAGLIATELLE AL RAGÙ

Kunst, Architektur und Essen: Drei Elemente des bella vita *sind in diesem allseits beliebten Bologneser Rezept kombiniert; die Länge und Breite der feinen Tagliatelle sollen der Legende nach an den Maßen der zwei mittelalterlichen Türme der Stadt ausgerichtet sein. Dieses von Geschichten umrankte Gericht wird von Mauro Fabbri im Ristorante »Diana« serviert. Es liegt in dem Stadtviertel, das seit 1909 Bolognas kulinarische Szene beherbergt.*

Zunächst zu einigen Mythen: Weltweit ist die Sauce als Sauce bolognese bekannt, aber in Bologna wird sie immer als *ragù* bezeichnet. Und was die in der ganzen Welt dazu servierten Spaghetti angeht: Die flachen Bänder der Tagliatelle eignen sich für diese fettige Hackfleischsauce besser. Und auf keinen Fall sollte man sich dem Gericht mit Knoblauch nähern, sonst riskiert man, an einem der mittelalterlichen Bologneser Türme aufgehängt zu werden. *Ragù* wird immer nur mit Muskatnuss und Wein gewürzt.

Der Legende nach soll die Breite der Tagliatelle dem 12.270. Teil der Höhe des Torre degli Asinelli entsprechen, des höheren der zwei Wahrzeichentürme Bolognas, die etwas voneinander weggelehnt stehen und so ein labiles Fragezeichen über der Skyline der Stadt bilden. Im Gebäude der Handelskammer gibt es die Nudeln in solidem Gold mit exakt dieser Abmessung, angeblich dem Haar einer italienischen Adligen nachgebildet. Die Türme sind weniger bekannt als der andere berühmte schiefe Turm Italiens, aber Bolognas schöne Terrakottagebäude und die mit Säulengängen gesäumten Straßen gehören zu den bezauberndsten des Landes. Doch gelegen zwischen Florenz, anderen attraktiven toskanischen Städten und Venedig, die alle die Touristen anziehen, wird Bologna oft übersehen. Das sollte es aber keinesfalls – und ganz sicher nicht von Reisenden, die gutes Essen lieben.

Wenn Italiener diese Stadt »*la grassa*« – die Fette – nennen, weiß man, dass die Bologneser ihre Küche tatsächlich sehr ernst nehmen. Die Hauptstadt der Emilia-Romagna verfügt über eine gute Handvoll kulinarischer Museen, einen von der Slow-Food-Bewegung empfohlenen Markt und ist ein Handelszentrum für regionale Produkte wie Parmigiano Reggiano, Prosciutto di Parma, Balsamico di Modena und Salame Felino.

Das Gericht wird von Parmesan gekrönt, aber ob es wirklich gut wird, sagt Signor Fabbri, hängt von der Wahl des Fleisches ab. Ein grob fasciertes, mit Fett durchzogenes Fleisch und ein langsames Garen ergeben eine saftige Sauce voller Geschmack. Dieses Rezept erfordert mehr Zeitaufwand als die schnell gemachten Spaghetti bolognese, die man außerhalb Italiens häufig bekommt. Aber beim Essen merkt man den Unterschied. Muskatnuss verleiht Wärme und Würzigkeit und ein extra Eigelb macht die Pasta reichhaltiger. »Aber Anfängern rate ich nicht, mit den Zutaten zu experimentieren, sondern die klassischen Proportionen zu nehmen. Denn ich habe mein Rezept seit 30 Jahren perfektioniert.«, sagt Fabbri.

Koch //
Mauro Fabbri
Ort //
Restaurant »Diana«, Bologna

TAGLIATELLE AL RAGÙ

Für 6–8 Portionen
Zubereitungszeit: 3–4 Stunden

Für die Sauce

soffrito (Mischung aus Zwiebeln, Karotten und Sellerie – die heilige Dreieinigkeit, die in Italien für Saucen verwendet wird, siehe Seite 264): 2 Zwiebeln, 2 Karotten und 3 Stangen Sellerie, abgezogen bzw. geschält und sehr fein gehackt, sodass man das Gemüse zwar schmeckt, aber nicht erkennen kann
etwas natives Olivenöl extra
100 g frischer, ungeräucherter Pancetta, in kleine Stücke geschnitten
1 kg Nierenzapfen oder Onglet, vom Fleischer grob durchgedreht (wichtig, damit das Fleisch während der langen Garzeit noch Form behält; alternativ grob gehacktes Rindfleisch, aber kein mageres)
200 ml trockener Rotwein
Salz
frisch gemahlener schwarzer Pfeffer
½ frisch geriebene Muskatnuss
150 g Tomatenmark
frisch geriebener Parmesan zum Servieren

Für den Nudelteig

90 g frische Tagliatelle oder Pappardelle pro Person (siehe Seite 264)
Salz

1. Das fein gehackte Gemüse in Olivenöl anbraten, dann den Pancetta hinzufügen und mitbraten, bis er etwas gebräunt ist.

2. Nun das Hackfleisch dazugeben und unter Rühren mitbraten, bis es gebräunt ist. Den Topf abdecken und die Mischung 40 Minuten bei geringer bis mittlerer Temperatur köcheln lassen.

3. Den Deckel abnehmen, die Temperatur erhöhen und köcheln lassen, bis die vom Fleisch freigesetzte Flüssigkeit verdampft ist.

4. Mit Rotwein ablöschen und wieder köcheln lassen, bis die Flüssigkeit verdampft ist.

5. Salz, Pfeffer und frisch geriebene Muskatnuss einrühren. Der Koch empfiehlt ½ Muskatnuss, aber man kann je nach Geschmack auch mehr nehmen.

6. Das Tomatenmark und so viel Wasser, dass es 2,5 cm über der Sauce steht, hinzufügen.

7. Nun den Topf halb abdecken und die Sauce 2 Stunden bei geringer Temperatur köcheln lassen, dabei immer wieder umrühren.

8. Am Ende der Kochzeit hat die Sauce die Flüssigkeit aufgenommen und es bleibt ein sehr geschmacksintensives *ragù* zurück. Abschmecken, eventuell nachwürzen.

9. Die Tagliatelle 4 Minuten in sprudelnd kochendem Salzwasser garen.

10. Die Sauce über der Pasta mit frisch geriebenem Parmesan servieren.

Tipp

Aufwärmen der Sauce: Wie bei allen guten Fleisch- und Weinsaucen ist der Geschmack am nächsten Tag noch besser. Für Bologna mag »la grassa« (die Fette) ja ein Kompliment sein, aber Sie werden bestimmt nicht so genannt werden wollen. Deshalb ein Tipp für die Figurbewussten: die Fettschicht, die sich vor dem Wiederaufwärmen an der Oberfläche bildet, einfach abschöpfen.

RISOTTO AL RADICCHIO DI TREVISO E PROSECCO

Risotto mit Radicchio aus Treviso und Prosecco

Dieses traditionelle Radicchio-Risotto serviert Gianmaria Cozza im Restaurant »Locanda Sandi«. Zwei extravagante Zutaten machen es zu etwas Besonderem: eine großzügige Menge Premium-Prosecco, der aus den umliegenden Valdobbiadene-Weinbergen stammt, und der spät geerntete Radicchio mit seinen schön geformten, langen Blättern.

Geht es um die ökologische Transportbilanz von Lebensmitteln, kommt bei den Hauptzutaten dieses Gerichts nicht viel zusammen. Sowohl der Radicchio als auch der Prosecco stammen von Höfen und Weinbergen, die nicht weit vom Restaurant »Locanda Sandi« entfernt liegen. Und Gianmaria Cozza ist auch ganz in der Nähe, in Treviso geboren. In seinem Risotto kombiniert er zwei der beliebtesten Produkte der Region: langblättrigen, spät geernteten Radicchio aus Treviso, der das begehrte IGP-Prädikat erhielt, und einen DOP-Prosecco – beide Prädikate stehen für eine kontrollierte Ursprungsbezeichnung.

Der Radicchio, von den Italienern auch als *fiore d'inverno* (Winterblume) bezeichnet, wächst nur hier im »Garten von Venedig« und ist ein guter Begleiter des verwendeten Proseccos, der in den umliegenden Weinbergen gedeiht. Wilde Kräuter und in den Gärten gezogene Gemüse werden schon lange verwendet, um Risotto Geschmack zu verleihen, da sie reichlich vorhanden und auch erschwinglicher sind als Fleisch. Doch der *radicchio tardivo di Treviso* mit seinen weinroten Blättern und den weißen Rippen ist ein eher luxuriöses Gemüse. Erst nach den ersten Winterfrösten geerntet, durchläuft er noch eine Wachstumsphase, die die hübsch geformten Blätter hervorbringt und sie vom Standard-Radicchio unterscheidet.

Diese Blätter bilden eine kunstvolle Garnierung auf dem Risotto, das im »Locanda Sandi« serviert wird. Im Haus sind kreativ Hölzer, Fliesen und Steine aus den alten venezianischen Palazzi der umgebenden Berghängen verbaut. Traumhaft schön liegt das »Locanda Sandi« in den Bergen nördlich von Venedig zwischen Valdobbiadene und Conegliano, traditionell die Heimat von Prosecco. Der Name »Locanda Sandi« verweist auf die benachbarte Villa Sandi, eine 1622 erbaute, eindrucksvolle Villa im palladinischen Stil. Ursprünglich Sommerrefugium für den venezianischen Adel, ist sie heute im Besitz der Familie Moretti-Polegato, die ihr renommiertes Weingut nach der Villa benannt hat.

Im Ersten Weltkrieg war die Villa Sandi Hauptquartier der italienischen Armee, die unter dem Anwesen Tunnel von 1,5 Kilometern Länge hinterlassen hat. Sie dienten als Munitionsdepot und sollten die Villa mit der Frontlinie entlang des Flusses Piave verbinden. Heute sind diese Tunnel perfekte Keller zum Einlagern des Weins, zu denen auch der mit vielen Preisen ausgezeichnete Cartizze gehört. Er wird als der beste Prosecco überhaupt gerühmt und aus den Trauben gekeltert, die auf den steilen Hängen wachsen, von denen einer dem Wein seinen Namen gab. Die Weinbaugebiete hier gehören zu den anerkanntesten der Welt – und so wäre durch den Prosecco in diesem Risotto das Gericht wohl auch für einen venezianischen Palast geeignet.

Koch //
Gianmaria Cozza
Ort //
Restaurant »Locanda Sandi«

RISOTTO AL RADICCHIO DI TREVISO E PROSECCO
Risotto mit Radicchio aus Treviso und Prosecco

Für 4 Portionen
Zubereitungszeit: 35 Minuten

500 ml Gemüse- oder Hühnerbrühe
2 TL Butter
1 mittelgroße Zwiebel, klein gehackt
280 g Arborio-Reis
65 ml Prosecco
1 Kopf Treviso-Radicchio, geputzt und fein geschnitten
3 EL natives Olivenöl extra
4 EL grob gehackte frische glatte Petersilie
2–3 EL frisch geriebener Parmesan plus etwas zum Bestreuen
frisch gemahlener schwarzer Pfeffer

1 Gemüse- oder Hühnerbrühe in einem mittelgroßen Topf zum Kochen bringen, dann die Temperatur reduzieren, sodass die Brühe simmert.

2 Butter in einem mittelgroßen Topf mit schwerem Boden bei mittlerer Temperatur schmelzen. Zwiebeln dazugeben und 2 Minuten anschwitzen, bis sie weich sind.

3 Reis hinzufügen und 2 Minuten unter ständigem Rühren mitbraten, bis er etwas angeröstet ist.

4 Mit Prosecco ablöschen und zum Köcheln bringen.

5 Nach und nach die heiße Gemüse- oder Hühnerbrühe angießen, dabei ständig rühren. Das Risotto wird nun cremig und etwas klebrig, bleibt aber al dente (die Körner sind in der Mitte noch fest).

6 In einem anderen Topf den Radicchio in Olivenöl andünsten.

7 Wenn das Risotto fast die richtige Konsistenz erreicht hat, den gedünsteten Radicchio einrühren. Kontinuierlich rühren und wenn nötig, noch etwas Brühe hinzufügen. Vom Herd nehmen und vor dem Servieren die Petersilie und den Parmesan unterrühren. Risotto auf Teller verteilen und mit Parmesan bestreuen. Nach Geschmack Pfeffer darübermahlen.

Anmerkung

Der Radicchio kann hier auf zwei Arten gekocht werden: Entweder man fügt ihn am Anfang klein geschnitten zu der Zwiebel und der Butter hinzu oder man dünstet ihn separat und gibt ihn in der letzten Kochphase hinzu, so wie hier beschrieben.

TIRAMISÙ

Der Ursprung dieses nach dem gelato wohl bekanntesten reichhaltigen italienischen Desserts aus Löffelbiskuits, Espresso und Mascarpone ist immer wieder Gegenstand hitziger Debatten. Viele sind der Meinung, dass diese köstliche Nascherei im »Le Beccherie« in Treviso entstanden ist, wo heute Küchenchef Federico Moro drei Versionen des Desserts serviert.

Koch //
Federico Moro
Ort //
Restaurant »Le Beccherie«,
Treviso

Das Wort *tiramisù* setzt sich aus dem italienischen *tira* (zieh), *mi* (mich), *sù* (hoch) zusammen und bezieht sich auf die Energie, die das Dessert mit seiner großzügigen Menge Kaffee, Zucker und Mascarpone und manchmal sogar noch Likör verleiht. Manche schreiben die Ursprünge der Nascherei dem Hof der Medici zu, andere sind der Meinung, dass sie später als energiespendender Snack für müde Straßenmädchen in Treviso erfunden wurde, doch in Kochbüchern findet man das Rezept nicht vor 1960.

Am häufigsten erzählt man sich jedoch, dass der cremige Nachtisch im Restaurant »Le Beccherie« in Treviso entstand, als die schwangere Frau des Inhabers etwas brauchte, um wieder zu Kräften zu kommen. Da erfand Alba Campeol das Rezept für Tiramisù, inspiriert von ihrer Schwiegermutter, die ihr empfahl, in Kaffee getauchte Löffelbiskuits zu essen, um wieder zu Kräften zu kommen. Ihr Sohn Carlo, mit dem sie damals schwanger war, machte aus diesem Dessert den Star der Speisekarte vom »Le Beccherie« – und von da an verbreitete es sich weltweit als ein typisch italienischer Export. Trevisos Lokalpolitiker Luca Zaia setzt sich sogar seit Langem dafür ein, dass als Entstehungsort von Tiramisù von der Europäischen Union offiziell Treviso anerkannt wird.

Alba Campeol und ihr Ehemann, die noch immer über dem »Le Beccherie« wohnen, feierten vor Kurzem ihren 60. Hochzeitstag und übergaben die Leitung des Restaurants an den neuen Besitzer Paolo Lai und seinen Koch Federico Moro. Alle drei Tiramisù-Rezepte, die Moro anbietet, darunter noch immer Albas ursprüngliches und sein eigenes verfeinertes, werden mit Savoiardi-Löffelbiskuits zubereitet. Sie nehmen Flüssigkeit auf und bleiben doch leicht und locker.

»Als ich mit meinem ersten Kind Carlo schwanger war, fühlte ich mich sehr müde und hatte keine Energie. Meine Schwiegermutter schlug mir vor, als Stärkungsmittel in Kaffee getauchte Savoiardi-Biskuits zu essen. Das gefiel mir und es gab mir viel neue Energie, also beschloss ich, daraus ein Dessert zu machen. Ich probierte verschiedene Sachen aus und experimentierte mit Eiern und Sahnecreme, aber erst als ich den Mascarpone hinzufügte, war ich mit dem Dessert wirklich zufrieden. Ich nannte es ›Tiremisù‹ (Treviso-Dialekt für Tiramisù).«

Alba Campeol

TIRAMISÙ

Für 6–8 Portionen
Zubereitungszeit: 3 Stunden 30 Minuten einschließlich Kühlzeit

5 Eigelb
5 EL Zucker
500 g Mascarpone
400 ml starker Kaffee/Espresso
1 Packung Savoiardi-Löffelbiskuits (etwa 200 g)
Kakaopulver zum Bestauben

1 Eigelb und Zucker hell und cremig aufschlagen.

2 Mascarpone hinzugeben und alles behutsam vermengen.

3 In rechteckiger Form den Boden mit einer Lage kurz in Kaffee eingeweichten Löffelbiskuits bedecken und darauf eine Schicht Mascarpone-Creme streichen. So fortfahren und noch je 2 Lagen Löffelbiskuits und Mascarpone-Creme aufschichten.

4 Das Tiramisù mindestens 3 Stunden im Kühlschrank kühl stellen.

5 Tiramisù aus dem Kühlschrank nehmen, mit Kakaopulver bestauben, in Portionen auf Tellern anrichten und servieren.

NORDWESTITALIEN

Um für einen Savoyer Prinzen standesgemäß zu kochen, muss man in die feine Küche Nordwestitaliens eintauchen. Hier bieten Wälder reiche Ernte – von Trüffeln bis zu Haselnüssen – und an der Küste findet man neben Italiens bestem Basilikum Rezepte mit Zutaten, die seit Jahrhunderten auch Handelsgut sind: in Salz eingelegte Sardellen, Thunfisch und Stockfisch.

COCOTTE DI PORRI BRASATI, UOVO POCHÈ E TARTUFO NERO
Gedünsteter Lauch, pochiertes Ei und schwarzer Trüffel in der Kasserolle
Seite 66

BAGNA CAODA
Knoblauch-Sardellen-Dip
Seite 72

FARINATA GENOVESE
Kichererbsenfladen
Seite 76

OSSO BUCO
Ossobuco
Seite 80

POLENTA VALDOSTANA
Polenta mit Fontina-Käse
Seite 84

RAVIOLI DEL PLIN CON RIPIENO ALLA NOCCIOLA E CREMA AL ROCCAVERANO
Ravioli mit Haselnuss-Käse-Füllung
Seite 88

COSCIA DI CONIGLIO GRIGIO DI CARMAGNOLA, FARCITA CON TARTUFO NERO, POLENTA E FUNGHI PRATAIOLI TRIFOLATI
Gefüllte Kaninchenkeule mit Polenta und gebratenen Champignons
Seite 92

TROFIE AL PESTO
Ligurische Trofie mit Pesto
Seite 96

STOCCAFISSO ACCOMODATO ALLA GENOVESE
Stockfisch mit Oliven und Gartengemüse
Seite 100

RISOTTO ALLA MILANESE
Risotto Milanese
Seite 104

VITELLO TONNATO
Kalbfleisch mit Thunfisch-Kapern-Sauce
Seite 108

PESCE PERSICO IN CARPIONE
Mariniertes Barschfilet
Seite 112

TORTA ALLE NOCCIOLE
Schokolade-Haselnuss-Kuchen
Seite 116

PANETTONE
Seite 120

COCOTTE DI PORRI BRASATI, UOVO POCHÈ E TARTUFO NERO

Gedünsteter Lauch, pochiertes Ei und schwarzer Trüffel in der Kasserolle

Das Restaurant »Tre Galline« existiert schon seit Jahrhunderten an den quirligen Rändern von Turins Porta Palazzo, Europas größtem Markt unter freiem Himmel. Es ist eine zuverlässige Adresse für traditionelle Piemonteser Gerichte, bei denen die erdigen Alba-Trüffel die edle Hauptrolle spielen.

Der Servierwagen rattert über den Parkettboden des »Tre Galline« und mit jedem Quietschen und Rumpeln entströmen ihm aromatische Düfte. Gespannt warten die Gäste darauf, dass große Stücke des *bollito misto* (gemischte, gekochte Fleischstücke) aus dem unten auf dem Wagen stehenden Dampftopf genommen und neben ihrem Tisch aufgeschnitten werden. Dieses Ritual kann man hier praktisch täglich beobachten – seit 1592!

»Für uns war es eine große Verantwortung, hierher zu kommen und hier zu kochen«, sagt Andrea Chiuni, seit vier Jahren Küchenchef im »Tre Galline«, der in den uralten Küchen im Kellergeschoss des Restaurants mit seinem Chefkoch Manuel Bortolotti arbeitet. »Wir müssen die Speisekarte mit Respekt behandeln, auf der klassische Gerichte wie *bollito misto* und *bagna caoda* stehen, und auch wenn das Rezept für *cocotte di porri brasati* nicht alt ist, sind die Zutaten doch traditionell – auch ihre Kombination und die Ausarbeitung. Tradition sollte kein Gefängnis sein, sondern ein Leitfaden.«

Schwarze Trüffeln, die man am häufigsten als opulentes Topping für Pasta oder Fleisch sieht, spielen die Hauptrolle in diesem Gericht. Die anderen Zutaten sind so ausgesucht, dass sie perfekt dazu passen. »Italiens weiße Trüffeln sind vielleicht bekannter und teurer«, sagt Andrea, »aber schwarze Trüffeln haben das gleiche unverwechselbare Aroma und sind weniger teuer bei intensiverem Geschmack. Dieses Rezept stellt eine perfekte Balance von Geschmack und Geruch dar, es kommt heiß in der Kasserolle, in der es gekocht wurde, auf den Tisch und verströmt diesen wunderbaren Duft. Dann sticht man das Ei an, die Trüffeln verbinden sich mit dem Eigelb und dessen Fettgehalt verstärkt ihren Geschmack noch. Der buttrige Lauch komplettiert das Ganze.«

Die Trüffeln für dieses Gericht – ein im Winter geernteter *tartufo nero pregiato* – stammen aus dem Trüffel-Kerngebiet um Alba, Heimat nicht nur dieser edlen Gewächse, sondern auch Entstehungsort der Slow-Food-Bewegung. Und ganz im Geiste des Kochens mit Null-Kilometer-Zutaten kommt das Meiste für dieses Gericht vom benachbarten Bauernmarkt Porta Palazzo. »So wurde es immer gemacht«, sagt Andrea, »das Restaurant hat einmal als *locanda* (Gaststätte) angefangen und bot Essen für die Marktarbeiter an. Wir sind nicht sicher, ob die Straße, in der wir sind, nach uns benannt wurde, oder andersherum, aber wir sind schon immer als ›Tre Galline‹ bekannt gewesen – als drei kleine Hühner.«

Köche //
Manuel Bortolotti
und Andrea Chiuni
Ort //
Restaurant »Tre Galline«,
Turin

COCOTTE DI PORRI BRASATI, UOVO POCHÈ E TARTUFO NERO

Gedünsteter Lauch, pochiertes Ei und schwarzer Trüffel in der Kasserolle

Für 4 Portionen
Zubereitungszeit: 50 Minuten

3 Stangen Lauch
1 EL natives Olivenöl extra
Salz
300 ml Rinderbrühe
25 g Butter
4 Eier (Größe M)
frisch gemahlener schwarzer Pfeffer
20 g schwarze Alba-Trüffeln

1. Den Lauch putzen und schälen, nur das Weiße verwenden. Jedes Lauchstück halbieren.

2. In einer Pfanne das Öl bei mittlerer Temperatur erhitzen. Den Lauch darin behutsam leicht goldbraun anschwitzen. Nach Geschmack salzen.

3. In einem Topf die Brühe erhitzen und dann Löffel für Löffel zur Lauchmischung geben und einkochen bis die Flüssigkeit reduziert ist. Den Topf nicht abdecken, da der Lauch sonst kocht. Weiter Brühe zum Lauch geben, bis die Flüssigkeit dick und glänzend ist und die Lauchstangen karamellisiert sind. Das dauert etwa 30 Minuten.

4. Lauch abkühlen lassen, dann in 2,5 cm große Stücke schneiden. Ofen auf 150 °C Ober-/Unterhitze vorheizen.

5. Die Butter in vier Teile teilen und den Boden von vier kleinen Kasserollen damit einfetten. Dann den Lauch wie Blütenblätter um den Rand herum arrangieren und in der Mitte ein Loch für das Ei lassen.

6. Die Kasserollen 5 Minuten in den vorgeheizten Backofen stellen.

7. In der Zwischenzeit die Eier 2 Minuten pochieren, sodass das Eigelb noch flüssig ist.

8. Die Kasserollen aus dem Ofen nehmen, in jede 1 Ei in die Mitte setzen und die Förmchen noch einmal 2 Minuten in den Ofen stellen.

9. Kasserollen herausnehmen, etwas schwarzen Pfeffer über das Ei mahlen, ein paar Trüffelspäne obenauf setzen und servieren.

Der passende Wein

Zu Trüffeln wird oft Rotwein getrunken, aber genauso gut passen komplexe, mineralreiche Weißweine, zum Beispiel solche aus der weniger bekannten Piemonter Timorasso-Traube, die einen goldgelben Wein mit viel Körper hervorbringt, der neben den kräftigen Trüffeln stolz bestehen kann.

Empfehlung des Kochs

Bereiten Sie dieses Rezept in einer Kasserolle mit einem Durchmesser von 10 cm zu - eine flache, runde Keramikauflaufform.

TRÜFFELSUCHE IM PIEMONT

Alba – so heißt der schöne Hund auf der Abbildung, benannt nach dem italienischen Ort, der ein Synonym für Trüffeln ist. Alba gehört zu einem der Spitzenteams von Hunden, die dafür trainiert wurden, die geschätzten *tartufo nero* (schwarze Trüffeln) und *tartufo bianco* (weiße Trüffeln) aufzuspüren. Der acht Jahre alte Alba stammt aus einer langen Linie olfaktorisch besonders eingespielter Trüffelhunde und gehört dem *trifulau* (Jäger) Roberto Bovetti. Ursprünglich wühlten Schweine die Trüffeln aus ihren Verstecken zwischen Baumwurzeln, aber heute werden diese unterirdischen Pilze – eine der teuersten Kochzutaten der Welt – meist von Hunden aufgespürt: die weißen (die etwa 250 Euro pro Kilogramm erbringen) in den frostigen, goldenen Monaten November und Dezember, die schwarzen in einem längeren Zeitraum, der früher im Herbst beginnt und bis in den März reicht. Aber diese Gegend ist nicht nur heiliges Land für Trüffeln. Die mit Wein bedeckten Hänge von Barolo und Barbaresco sind eine Million Euro pro Hektar wert – hier wachsen auch Italiens einzige Haselnüsse mit IGP-Prädikat.
www.langheroero.it

BAGNA CAODA
Knoblauch-Sardellen-Dip

Dieser warme Dip ist typisch für das Piemont, ihn gibt es in unzähligen Versionen. Enrico Crippa, Koch im Restaurant »La Piola« in Alba, serviert dieses klassische Antipasto in seiner reinsten Form mit geschmacksintensiven Sardellen, sehr viel Knoblauch und einem Spritzer Rotwein der Sorte Barbera d'Alba.

Dieses Gericht ist weit gereist. Die Ursprünge seiner Zutaten kommen von weit her: von den Häfen Liguriens über den Appenin bis zu den Ebenen des Piemonts entlang Italiens alter Salzstraße. Auf diesen Tausende Jahre alten Handelsrouten überquerten Ligurier Italiens bergige »Wirbelsäule«, um Sardellen, Salz und Öl gegen Piemonteser Delikatessen wie Robiola-Käse und feine Weine einzutauschen.

Die Hauptzutaten von *bagna caoda* (Piemonteser Dialekt für *bagna cauda* – wörtlich »heißes Bad«) variieren von Familie zu Familie und von Koch zu Koch. Manche fügen Milch oder ein Ei für mehr Sämigkeit hinzu, andere einen Löffel Rotwein für etwas Säure, andere sogar Trüffeln. Aber alle Varianten singen ein Lied auf das Ligurische Meer. Sardellen und natives Olivenöl extra werden in unserem Fall mit Knoblauch und Rotwein zu einer reichhaltigen, warmen Creme kombiniert, die mit frisch aufgeschnittenen *crudités* – zum Beispiel Paprikaschoten, Karotten und Zwiebeln, Artischocken, gekochte Kartoffeln, Kohl und Rapsblätter – serviert wird.

Außer Öl und Sardellen ist Knoblauch eine Hauptzutat des Gerichts, das oft auch als »Knoblauch-Fondue« bezeichnet wird. Die Zehen des Piemonteser Knoblauchs sind kleiner und süßer als andere italienische Knoblauchsorten und sie werden bei geringer Temperatur langsam gekocht, damit ihr Geschmack in die Fette des Öls und der Sardellen übergeht. *Bagna caoda* wird als Antipasto oder auch als Snack serviert und mit der Hand gegessen. Außerdem ist er ein Symbol für Piemonteser Gastfreundschaft: Oft wird der Dip von einer Kerze unter der Schüssel warm gehalten und man isst ihn, während man den ganzen Abend lang schwatzt und trinkt.

»*Bagna caoda* repräsentiert unsere Tradition des Zusammenlebens sehr gut«, sagt Enrico, »zum Beispiel essen wir es am Ende der *vendemmia* (Weinlese), um uns zu versammeln und die Weinernte zu feiern.« Eine andere gute Gelegenheit, um einen Eindruck vom sozialen Geist dieses Gerichts zu bekommen, ist der alljährlich stattfindende *bagna-caoda*-Tag – tatsächlich sind es drei Tage im November –, wenn sich fast 100 Piemonteser Gastwirte, Weinhersteller und *bagna-caoda*-Fans in Asti versammeln, um dieses Fischgericht zu kochen, zu essen und zu feiern.

Koch //
Enrico Crippa
Ort //
Restaurant »La Piola«, Alba

BAGNA CAODA
Knoblauch-Sardellen-Dip

Für 6 Portionen
Zubereitungszeit: 1 Stunde 30 Minuten,
am Vortag beginnen

300 g in Salz eingelegte braune Sardellen
1 Spritzer Weißweinessig
9 Knoblauchzehen
250 ml Milch (3,5 % Fett)
natives Olivenöl extra aus Ligurien (etwa doppelt so viel wie das Volumen der Sardellen)
125 ml trockener Rotwein (Barbera d'Alba)

1. Das Salz von den Sardellen waschen und die Fische 15 Minuten in etwas Weißweinessig und Wasser einweichen. Alle Gräten entfernen, noch einmal mit kaltem Wasser abwaschen und trocknen lassen. Falls Sardellen in Öl verwendet werden, dieses abgießen.

2. Die Knoblauchzehen halbieren und eventuell vorhandene grüne Triebe entfernen. Mit kaltem Wasser bedecken und über Nacht stehen lassen.

3. Die Knoblauchzehen würfeln und in der Hälfte der Milch kochen, bis sie cremig werden.

4. Olivenöl und Sardellen zur Knoblauchcreme geben.

5. 1 Stunde bei geringer bis mittlerer Temperatur köcheln lassen, bis sich auch die Sardellen in der Creme auflösen.

6. Während des Kochens den Rotwein hinzufügen, um der Creme etwas Säure zu verleihen, und die restliche Milch, um sie so weit zu festigen, dass die Konsistenz Taramosalata oder Guacamole ähnelt. Dann ist der Dip servierbereit.

FARINATA GENOVESE
Kichererbsenfladen

Dieses Gericht, das so etwas wie ein Eierkuchen aus Kichererbsenmehl ist, findet man mit kleinen Variationen an der ganzen italienischen und französischen Riviera (dort heißt es socca). Diese Genueser Version enthält viel ligurisches Olivenöl und Kichererbsenmehl – und das ist es auch schon. Die Kunst des Einfachen, so gut ausgeführt wie im »Il Ristoro dei Grimaldi«, lässt die Leute auf Genuas Kopfsteinpflasterstraßen Schlange stehen, um eine warme Scheibe in Papier eingewickeltes farinata zu kaufen.

Köche //
Ivana und Giorgio Balboni
Ort //
Restaurant »Il Ristoro dei Grimaldi«, Genua

Kein anderes Gericht steht so sehr für die hektische Hafenstadt Genua mit ihren bröckelnden Palästen, die in den wie eine Wand vom Meer aus ansteigenden Bergen kleben. Denn Genua ist schon seit Langem die Heimatstadt von Immigrantenfamilien, Seeleuten und anderen wandernden Seelen, die mit billigen Nahrungsmitteln wie Kichererbsenmehl ihre Familien ernähren.

Im »Il Ristoro dei Grimaldi« servieren Ivana und Giorgio Balboni *farinata* und andere klassische ligurische Snacks an einen ständigen Strom aus Einheimischen, Touristen und Hafenarbeitern. »Viele Jahrhunderte lang, sogar noch vor einigen Jahrzehnten, war *farinata* für Genuas arme Bevölkerungsschichten die hauptsächliche Nahrung – Kichererbsenmehl wurde von den Familien kiloweise die Woche verzehrt«, sagt Giorgio, »heute ist die *farinata* ein tolles Streetfood. Man isst sie, während man einen Aperitif trinkt oder einen *passeggiata* (Spaziergang) macht, vor allem in den kälteren Monaten – Einheimische finden *farinata* im Sommer zu schwer. Aber Besucher der Stadt essen sie das ganze Jahr. Genua ist bekannt für seine *farinata*.«

Ebenso wie Focaccia hat der Kichererbsenfladen so viele Varianten, wie es Dörfchen entlang der ligurischen Küste gibt. *Farinata* war in dieser Gegend Grundnahrungsmittel, seit man überhaupt zu backen begann. Die engen *vicoli* (Gassen), die Genuas mittelalterliches Zentrum durchziehen, sind gesäumt von kleinen Straßenläden, wo die Focaccia oder die charakteristischen goldgelben Scheiben der *farinata* direkt aus den Ladenfenstern verkauft werden. Beide müssen warm verzehrt werden, während das Öl noch glänzt und der Teig noch weich ist.

Mit ihren wenigen Zutaten und der einfachen Zubereitungsmethode ist eine *farinata* einfach herzustellen, allerdings braucht sie eine hohe Backtemperatur für die goldbraunen knusprigen Ränder, die eine gelungene *farinata* haben muss. Traditionell werden die Fladen in Kupferpfannen in mit Holzkohle befeuerten Öfen gebacken, die Temperaturen von 400 °C erreichen. Aber auch ohne Holzkohleofen und Kupferpfanne gelingen sie in einer Brat- oder Pizzapfanne in einem üblichen Backofen fast genauso gut – und die Zubereitung ist wirklich kinderleicht.

FARINATA GENOVESE

Kichererbsenfladen

Für 6 Portionen
Zubereitungszeit: 30 Minuten

470 g Kichererbsenmehl
3 TL Salz (oder nach Geschmack)
100 ml natives Olivenöl extra
frisch gemahlener schwarzer Pfeffer

1 Kichererbsenmehl mit 1,5 l Wasser und Salz in eine große Schüssel füllen und verrühren. Mindestens 3 Stunden bei Zimmertemperatur stehen lassen; im Kühlschrank kann die Mischung länger aufbewahrt werden (maximal 1 Tag).

2 Den Teig kräftig mit einem Schneebesen aufschlagen und den dabei entstehenden Schaum an der Oberfläche abschöpfen.

3 Den Backofen auf 220 °C Ober-/Unterhitze vorheizen. Eine große ofenfeste Pfanne – idealerweise aus Kupfer – oder eine Pizzapfanne auf dem Herd erhitzen, bis sie fast beginnt zu rauchen.

4 Den Boden mit dem Olivenöl bedecken und den Teig hineinlaufen lassen, dabei die Pfanne hin und her wenden, damit der Boden gleichmäßig bedeckt ist. Eventuell kann man sich mit einem Holzlöffel behelfen. Der Teig sollte nicht dicker als 7 mm sein.

5 Die Mischung wird anfangen zu blubbern. Die Pfanne dann in den Backofen stellen und die Fladen 20 Minuten backen oder bis die *farinata* fest ist und die Ränder kross geworden sind. Mit Pfeffer übermahlen, in Scheiben schneiden und warm servieren.

Tipp

»Dieses Rezept ist wirklich leicht. Wichtig ist nur, dass der Backofen heiß genug ist. Traditionell in Holzkohleöfen gebacken, ist eine farinata in 10 Minuten zubereitet und gebacken. In einem normalen Backofen dauert es einfach etwas länger – vielleicht 20 Minuten.«

Giorgio Balboni

OSSO BUCO
Ossobuco

In einer geschäftigen Ecke von Mailand, versteckt zwischen den hektischen Büros der Zeitung »Corriere della Sera« und einer Reihe schicker Kunstgalerien, lebt ein Alchimist: Arturo Magi, Koch im »La Vecchia Latteria«, einem kleinen Restaurant, in dem es nur wenige Tische, aber viele Stammgäste gibt. Arturos profunde Kenntnis von der Chemie seiner Kochzutaten – angefangen vom pflanzlichen Samen bis zum Topf, in dem er kocht – ist geprägt von uralter Wissenschaft.

Koch //
Arturo Magi
Ort //
Restaurant »La Vecchia Latteria«, Mailand

Alles beginnt in Arturos Gemüsegarten am Stadtrand von Mailand. Hier reichern er und seine Ehefrau Maria den Boden mit organischem Dünger und Kompost an, um die Fermentation zu fördern. Dieses uralte Verfahren verringert die Säure sowohl im Boden als auch in den darin gezogenen Gemüsen – die Übersäuerung ist laut Arturo verantwortlich für die meisten Gesundheitsprobleme.

Sind diese Gemüse in der Küche gelandet, werden sie dort in solidem silbernem Kochgeschirr zubereitet, wieder mit dem Ziel, Säure zu reduzieren. Zutaten, die nicht aus Arturos Garten stammen, bestellt er von vertrauenswürdigen Bauern und Freunden; alles wird gründlich auf Herkunft und Qualität überprüft. Mit einem Wort: Säuretest. Für dieses Rezept braucht man Kalbshaxe. Eine mit viel zartem Fleisch um den Markknochen herum und mit saftigem Mark im Knochen. Die anderen Zutaten sind erschwinglich – ohne solche Exzesse wie Wein.

»Wein ist zum Trinken da«, sagt Arturo, »Wenn ich mit etwas würze, dann mit Essig. Er ist nicht so bitter und viel leichter zu verdauen.« Essig ist das Produkt eines sehr besonderen Fermentationsprozesses. Er ist unentbehrlich in östlichen Küchen wie der japanischen und man sagt ihm nach, dass er Gesundheit und Langlebigkeit fördert. Woran auch immer man glaubt: Die Tatsache, dass Arturo und Maria eine jugendliche Ausstrahlung (und eine schöne Haut) haben, ist nicht zu leugnen und man kann kaum glauben, dass sie seit 50 Jahren eines von Mailands beliebtesten Restaurants führen.

Mailand nimmt für sich in Anspruch, der Geburtsort von Ossobuco (wörtlich »Knochen mit Loch«) zu sein. Aber Markknochen und Tierbeine wurden in der italienischen Küche schon seit dem Mittelalter verwendet. Relativ preiswert und einfach zuzubereiten, kochte man das Gericht traditionell zu Hause auf einem Holzkohleofen, der das Haus sowohl heizte als auch parfümierte. Arturos Version dieses klassischen rustikalen Gerichts ist eine sehr einfache Variante.

Zum berühmten Ossobuco alla milanese würde als klassische Beilage Safranreis gehören. Doch Arturo gibt nichts auf Tradition. »Ich finde, er ist unnötig verfeinert und kompliziert. Man kann den Reis nehmen, den man mag«, sagt er, »ich nehme wilden Reis; er ist nicht geschält und gesünder. Noch etwas frische Petersilie dazu und *buon appetito*.«

OSSO BUCO
Ossobuco

Für 4–6 Portionen
Zubereitungszeit: 50 Minuten

3 mittelgroße Karotten
2 Stangen Sellerie
2 große Zwiebeln
etwas natives Olivenöl extra
etwas Weizenmehl (Type 405) zum
  Bestauben
4–6 Stücke Kalbshaxe, etwa 4 cm dick
Salz
frisch gemahlener schwarzer Pfeffer
Schale von 1 unbehandelten Zitrone,
  dünn abgeschält und klein gehackt
2 Handvoll frisch gehackte glatte
  Petersilie

1 Den Backofen auf 180 °C Ober-/Unterhitze vorheizen.

2 Karotten schälen, Sellerie putzen und Zwiebeln abziehen. Alles würfeln und in einer Bratpfanne in heißem Olivenöl bei geringer Temperatur 4–5 Minuten anschwitzen, dabei gelegentlich umrühren.

3 In einer anderen Pfanne in heißem Öl die leicht mit Mehl bestaubten Kalbshaxen bei hoher Temperatur auf jeder Seite etwa 1 Minute anbräunen. Die Temperatur reduzieren, mit Salz und Pfeffer bestreuen und noch einige Minuten braten.

4 Alles in einen Bräter füllen, dabei das Fleisch mit dem mit der Zitronenschale vermischten Gemüse bedecken. Ein paar Teelöffel Wasser auf den Boden des Bräters geben.

5 Den Bräter abdecken oder fest mit Alufolie verschließen und im vorgeheizten Backofen auf der mittleren Schiene 25 Minuten garen. Die Hälfte der Petersilie zum fertig gegarten Fleisch geben, vorsichtig in die Sauce rühren und etwas ziehen lassen.

6 Mit Reis oder gekochter Polenta servieren und mit der restlichen gehackten Petersilie garnieren.

POLENTA VALDOSTANA
Polenta mit Fontina-Käse

Polenta wird in Norditalien auf viele verschiedene Arten gegessen. Aber im Aostatal ist sie ausnahmslos grobkörnig, gelb und cremig durch den Fontina-Käse. In der Osteria »da Nando« im Ort Aosta wird sie von der Familie Scarpa serviert; sie verwendet eine sehr alte Maisart, deren Anbau erst kürzlich wiederbelebt wurde, und den Käse Fontina d'Alpeggio, dessen Geschmack je nach Jahreszeit variiert.

Koch //
Paolo Scarpa
Ort //
Osteria »da Nando«,
Valle d'Aosta

Wenn man aus dem Aostatal kommt, nimmt man Polenta ziemlich ernst. Das gesunde Maismehl steht mit seinen Gerichten oft im Mittelpunkt, wenn sich mehrere Menschen zusammenfinden. Eine Polenta bereitet man nicht für eine Person zu, noch nicht einmal für vier. Sie ist ein herzhaftes Gericht, das von einer großen Familie geteilt werden sollte. Und genau das sind sie in der Osteria »da Nando«: Vier Generationen arbeiten in der Küche, wenn man den Jüngsten mitrechnet. Der Dreijährige ist das Maskottchen und bekommt für seine Mitarbeit zwar kein Gehalt, wird aber von allen vergöttert.

In der Osteria »da Nando« wird die klassische Küche des Aostatals serviert, seit Germana Scarpa 1957 den Ofen anwarf. Sie ist jetzt über 80 und immer noch Teil der Osteria. Das Rezept für dieses Gericht gab es lange vor ihrer Matriarchat. Früher wurde es aus verschiedenen Maissorten hergestellt, doch im 20. Jahrhundert wurde der Anbau der meisten eingestellt und nur die gelbe Sorte blieb zurück. Dank der Bemühungen engagierter Gruppen im Aostatal wurden in den vergangenen Jahren wieder alte Sorten angepflanzt.

Das Maismehl für dieses Gericht stammt vom Bauernhof »Bonne Vallée« und besteht aus drei gemahlenen Maissorten. Gekocht wird die Polenta in einem Gusseisentopf, um ihr einen rauchigen Geschmack zu verleihen. Hinzu kommt Fontina d'Alpeggio, ein weicher, cremiger Käse, der mit dem Maismehl zusammenschmilzt und das Gericht samtig und reichhaltig macht. Der Käse ist nach der Alm benannt (*alpeggio* bedeutet »Alm«) und kommt von Kühen, die im Frühjahr auf hoch gelegene Wiesen getrieben werden, wo sie wilde Gräser und Kräuter fressen. Da diese Pflanzen sich mit der Höhe der Wiesen und im Verlauf der Sommermonate ändern, ändert sich auch der Geschmack des Käses.

»Man braucht etwas Zeit, um die Polenta zu machen«, sagt Paolo Scarpa, der jetzt der Küchenchef ist, »aber das Gericht ist leicht zuzubereiten. Das Wichtigste ist, dass die Zutaten stimmen: Käse aus Milch, die den sich verändernden Geschmack der Berge hat, und Butter und Polenta. Es gibt nur drei Zutaten – und sie werden alle hier im Aostatal hergestellt.«

POLENTA VALDOSTANA
Polenta mit Fontina-Käse

Für 6 Portionen
Zubereitungszeit: 1 Stunde 30 Minuten

2 TL grobkörniges Salz
600 g Bonne-Vallée-Polentamehl
600 g Fontina d'Alpeggio (DOP), in dünne Scheiben geschnitten
80 g Butter

1 3 l Wasser mit dem Salz in einem gusseisernen Topf zum Kochen bringen. Wenn es kocht, das Polentamehl unter ständigem Rühren einrieseln lassen. Das Mehl wird mit der Wärme dick und mit Wasser wieder weicher, deshalb etwas warmes Wasser bereithalten und immer weiterrühren.

2 Die Polenta etwas unter 1 Stunde bei mittlerer Temperatur köcheln lassen. Sie sollte die Konsistenz von Haferbrei haben, wenn sie fertig ist. Den Backofen auf 180 °C Ober-/Unterhitze vorheizen.

3 Wenn die Polenta fertig gekocht ist, eine Schicht in eine ofenfeste Servierform füllen. Mit einer Lage Fontina-Käse und ein paar Butterflocken bedecken. Darauf wieder je eine Lage Polenta und Käse mit Butter schichten. So fortfahren und mit einer Schicht Käse und ein paar Butterflocken enden.

4 Im vorgeheizten Backofen 15 Minuten backen. In tiefen Tellern servieren.

Tipp

Fontina-Käse ist bei guten Käsehändlern oder in italienischen Feinkostläden das ganze Jahr über erhältlich. Am besten kauft man ihn jedoch in den Sommermonaten, wenn seine Milch von Kühen stammt, die auf den üppig bewachsenen Sommerwiesen gegrast haben. Wenn Sie keinen Fontina-Käse bekommen, ersetzen Sie ihn durch einen milden, halbfesten italienischen Käse wie zum Beispiel Provolone.

RAVIOLI DEL PLIN CON RIPIENO ALLA NOCCIOLA E CREMA AL ROCCAVERANO
Ravioli mit Haselnuss-Käse-Füllung

Diese köstlichen Ravioli serviert Stefano Paginini in dem winzigen Bergdorf Magliano Alfieri. Sie enthalten einige von den besten Produkten des Piemonts: Die edelsten Haselnüsse, die in Italien wachsen, kommen in die Ravioli-Füllung und die cremige Sauce wird mit dem weichen Frischkäse Robiola di Roccaverano zubereitet.

Koch //
Stefano Paginini
Ort //
Restaurant »Alla Corte Degli Alfieri«,
Magliano Alfieri

Auch wenn das »Alla Corte Degli Alfieri« in einem Schloss untergebracht ist, findet man es kaum zufällig. Das verschlafene Dörfchen Magliano Alfieri liegt abseits der Autobahn von Alba nach Asti hoch über einer eindrucksvollen Landschaft aus Hügeln und Tälern, in der es mehr Haselnussbäume als Einwohner gibt. Aber nachdem der in der Region geborene Stefano Paginini 18 Jahre in Piemonts ersten Küchen gearbeitet hatte, war er bereit für ein Abenteuer und sein eigenes Unternehmen.

»Man muss sehr gut sein, damit die Leute sich auf den Weg hierher machen«, sagt Stefano über sein Restaurant, »aber wir befinden uns mitten in der Gegend, die die besten Produkte der Region hervorbringt.« Stefano hat sich dieses Gericht ausgedacht, um zwei charakteristische regionale Zutaten zu kombinieren – und auch wenn es eine neue Kreation ist, könnte sie doch nicht besser die umgebende Piemonteser Landschaft repräsentieren. Sowohl der verwendete Käse als auch die Nüsse haben ein DOP-Prädikat, also eine gesetzlich geschützte Ursprungsbezeichnung. Ein Wort aus dem regionalen Dialekt – »del plin«, wörtlich »mit einem Kniff« – bezeichnet die Methode, um diese traditionell geformten Pasta-Päckchen zu verschließen.

Die Haselnüsse mit dem Namen »Tonda Gentile delle Langhe« sind fast perfekt rund (*tonda*) und haben einen milden (*gentile*) Geschmack. Ihr zwölf Kilometer entfernter Herkunftsort Langhe ist auch die Heimat der Roccaverano-Ziegen, deren Rohmilch zu einem einzigartigen Käse verarbeitet wird. Er ist der einzige italienische Käse, der ausschließlich aus roher Ziegenmilch hergestellt werden darf. Stefano fügt diesem Käse noch Sahne und Kuhmilch hinzu und kreiert so eine Sauce, die zwar nicht traditionell ist, aber deren Zutaten kaum regionaler und traditioneller sein könnten.

»Das ist nicht unbedingt ein schwieriges Gericht«, sagt Stefano, »allerdings braucht man Zeit dafür. Aber man kann den Nudelteig auch mit der Maschine ausrollen, ihn füllen und formen und die Ravioli einfrieren. Dann kann man sich beim nächsten Mal ganz auf die Sauce konzentrieren.«

RAVIOLI DEL PLIN CON RIPIENO ALLA NOCCIOLA E CREMA AL ROCCAVERANO

Ravioli mit Haselnuss-Käse-Füllung

Für 4 Portionen
Zubereitungszeit: 3 Stunden

Für die Pasta
900 g italienisches Hartweizenmehl (Tipo 00; alternativ Weizenmehl (Type 405 oder 550))
100 g fein gemahlener Grieß plus etwas zum Bestreuen
470 g Bioeier (Größe M)
130 g Eigelb
35 ml Erdnussöl

Für die Füllung
200 g Mascarpone
1 große Prise Salz
60 g Haselnusspaste

Für die Käsesauce
100 ml Milch (3,5 % Fett)
150 ml Sahne (45 % Fett)
300 g Roccoverano-Käse
Salz
frisch gemahlener weißer Pfeffer
1 EL Butter, zerlassen
gehackte Haselnüsse zum Garnieren

1. Den Teig für die Eier-Pasta herstellen (siehe Seite 264) und mindestens 2 Stunden im Kühlschrank ruhen lassen, damit er elastisch wird.

2. Die Zutaten für die Füllung gründlich vermischen und 1 Stunde im Kühlschrank ruhen lassen.

3. Den Teig mit einer Nudelmaschine oder einer Nudelrolle ausrollen. Das Teigblatt sollte so dünn sein, dass man fast hindurchsehen kann.

4. Das Teigblatt auf die Arbeitsfläche legen und mit einem Teigrädchen oder einem scharfen Messer von unten nach oben in 4–5 cm breite Streifen schneiden.

5. Je 1 gehäuften Teelöffel der Füllung mit etwa 2–3 cm Abstand auf den Teigstreifen setzen.

6. Einen zweiten Teigstreifen obenauf legen und fest andrücken, um die Ränder um die Füllung herum zu verschließen. Dann in gleichmäßige Quadrate schneiden.

7. Die Ravioli auf ein mit Grieß bestreutes Backblech legen und in den Kühlschrank stellen, bis sie gekocht werden sollen.

8. Milch und Sahne zusammen aufkochen, dann die Temperatur etwas reduzieren, den Käse zugeben und mit Salz und Pfeffer abschmecken. Die Masse unter ständigem Rühren etwa 5 Minuten köcheln lassen, bis die Sauce eine cremige Konsistenz hat.

9. Die Ravioli in kochendem Salzwasser 3 Minuten kochen, bis sie an die Oberfläche steigen. Abgießen und in der zerlassenen Butter schwenken.

10. Die Ravioli in die Mitte eines tiefen Tellers setzen, die Sauce darüberträufeln und mit gehackten Haselnüssen bestreut servieren.

COSCIA DI CONIGLIO GRIGIO DI CARMAGNOLA, FARCITA CON TARTUFO NERO, POLENTA E FUNGHI PRATAIOLI TRIFOLATI

Gefüllte Kaninchenkeule mit Polenta und gebratenen Champignons

Die Hauptzutaten für dieses Gericht sind zwei Grundnahrungsmittel des Nordens: Polenta und Kaninchen. Die Ergänzung mit Trüffeln aus der Lombardei bereichert dieses einfache Rezept und macht es zu etwas Saisonalem und Besonderem. Ruggero Rolando serviert dieses veredelte Kaninchengericht in dem mit einem Michelin-Stern ausgezeichneten Restaurant »Carignano« im Herzen Turins.

Dieses Gericht ist elegant, reichhaltig und doch sehr traditionell, denn seine Zutaten sind Teil der Piemonteser Küche, seit man mit dem Jagen von Wild, der Suche nach Trüffeln und der Kultivierung von Mais begonnen hat. Dieses Rezept ist etwas aufwendiger – Kaninchenkeule wird mit schwarzen Trüffeln gefüllt und mit grob gemahlener Polenta und in Olivenöl gebratenen Pilzen serviert –, letztlich hängt der Erfolg von der Qualität der Zutaten ab.

»Auf das Kaninchen kommt es an«, sagt Koch Ruggero Rolando, der seit 30 Jahren in Küchen in ganz Piemont arbeitet, »das graue Carmagnola-Kaninchen ist eine sehr besondere Sorte. Es hat eine ausgeprägtere Muskelmasse als die meisten anderen Züchtungen, das weiße Fleisch ist von sehr guter Qualität und äußerst schmackhaft. Die Tiere wiegen im Durchschnitt vier Kilogramm, sie sind also auch groß.«

Carmagnola-Kaninchen sind sehr empfindlich, deshalb ist ihre Haltung schwierig. Die seltene Rasse war schon fast ausgestorben, aber vor Kurzem haben die Universität der Stadt, landwirtschaftliche Institute und verschiedene regionale Gastronomen ein Programm zur Wiederbelebung der Rasse initiiert. Eine Bauernvereinigung zieht nun erfolgreich diese sehr geschätzten grauen Kaninchen. »Die Kaninchen, die wir verwenden, stammen von einem Züchter ein paar Kilometer außerhalb Turins«, sagt Ruggero, »sie sind im Freien aufgewachsen, können draußen herumhoppeln und ernähren sich von wild wachsendem Gras und von Blättern.«

Die Polenta sollte in einer Steinmühle grob gemahlen worden sein – die körnige Struktur ist der perfekte Kontrast zu dem samtigen, reichhaltigen Fleisch des Kaninchens und den seidigen Pilzen. Trotz seiner Bodenständigkeit ist das Gericht nicht leicht zuzubereiten. »Es ist sehr zeitaufwendig«, sagt Ruggero, »da es mehrere Arbeitsphasen hat. Aber manche Teile kann man im Voraus zubereiten. Das Fleisch kann beispielsweise gegart werden und dann erst einmal liegen bleiben – man muss es nicht sofort essen.«

Koch //
Ruggero Rolando
Ort //
Restaurant »Carignano«, Turin

COSCIA DI CONIGLIO GRIGIO DI CARMAGNOLA, FARCITA CON TARTUFO NERO, POLENTA E FUNGHI PRATAIOLI TRIFOLATI

Gefüllte Kaninchenkeule mit Polenta und gebratenen Champignons

Für 4 Portionen
Zubereitungszeit: 1 Stunde 30 Minuten

500 ml Milch (3,5 % Fett)
100 g Putenbrust
100 ml Milch (3,5 % Fett)
4 Scheiben Weißbrot
3 TL schwarze Trüffeln, klein gewürfelt
2 TL schwarze Trüffelpaste
Salz
frisch gemahlener schwarzer Pfeffer
4 entbeinte Kaninchenkeulen (je nach Größe der Keulen; wenn sie klein sind, 2 pro Person berechnen)
etwas natives Olivenöl extra
etwas Kalbs- oder Gemüsebrühe
etwas trockener Weißwein

Für die Beilagen und die Garnitur
Salz
250 g in einer Steinmühle gemahlene Polenta
300 g Champignons
etwas natives Olivenöl extra
30 g Passata (siehe Seite 265)
1 Handvoll gehackte frische Spinatblätter
etwas Sonnenblumenöl
frisch gemahlener schwarzer Pfeffer
100 g Butter

1 Für die Polenta 500 ml Wasser und die Milch zum Kochen bringen, Salz hinzufügen. Langsam die Polenta einrühren und unter häufigem Rühren 40–60 Minuten köcheln lassen, sodass ein weicher Teig entsteht.

2 Während die Polenta kocht, die Putenbrust klein würfeln und mit dem in der Milch eingeweichten Brot, den Trüffeln und der Trüffelpaste in eine Schüssel geben, salzen und pfeffern, dann alles sehr gut vermischen.

3 Den Backofen auf 180 °C Ober-/Unterhitze vorheizen. Die Kaninchenkeulen einschneiden und gleichmäßig mit der Trüffelmischung füllen. Das Fleisch schließen und so mit einem Bindfaden zusammenbinden, dass eine zylindrische Form entsteht. In Alufolie wickeln.

4 Im vorgeheizten Backofen 25 Minuten backen, zwischendurch einmal wenden. Den austretenden Fleischsaft für die Sauce aufbewahren.

5 Champignons putzen und mit einem Pinsel reinigen, dann vierteln und in einer Pfanne mit heißem Olivenöl und Passata bei mittlerer Temperatur ein paar Minuten köcheln lassen.

6 In einem anderen Topf Olivenöl erhitzen und die Kaninchenkeulen darin von allen Seiten bräunen. Das Fleisch herausnehmen und beiseitelegen.

7 Den Saft vom Braten der Kaninchenkeulen für die Sauce erhitzen, Kalbs- oder Gemüsebrühe und ein paar Spritzer Weißwein hinzufügen. Insgesamt sollen es 500 ml Flüssigkeit sein. Dann die Temperatur herunterschalten und die Flüssigkeit reduzieren, bis eine dicke, braune, glänzende Sauce entsteht.

8 Die Spinatblätter für die Garnitur in heißem Sonnenblumenöl zusammenfallen lassen und leicht anbraten. Mit Salz und Pfeffer abschmecken.

9 Die Butter in die Polenta einrühren, dann in die Mitte der Teller je etwas Polenta geben. Die Kaninchenkeulen quer in runde Scheiben schneiden und diese mit den Pilzen und dem Spinat ringförmig auf der Polenta anrichten. Zum Schluss noch etwas Sauce darübergeben.

TROFIE AL PESTO
Ligurische Trofie mit Pesto

Das Herz dieses Gerichts ist ein aromatisches grünes Blatt, zwar klein, aber viel geliebt. Basilikum – basilico –, intensiv duftendes Symbol des italienischen Sommers, ist die Hauptzutat des Pestos. Doch hier geht es nicht um irgendein Basilikum. Dieses Kraut wächst auf einem hohen Felsen, von dem aus man das blaue Ligurische Meer überblickt – Genueser Basilikum. Seine Blätter sind klein, von frischem Grün und die Einheimischen finden, dass sie nach dem Wind des Meeres duften.

Koch //
Riccardo Benvenuto
Ort //
Restaurant »Sa Pesta«, Genua

Das leuchtend grüne, leichte und cremige Pesto aus Ligurien ist nicht zu vergleichen mit all denen, die man in Gläsern kaufen kann, und noch nicht einmal mit frischem Pesto anderswo in Italien. Das Genueser Basilikum wächst in dem kleinen Ort Pra westlich von Genua auf ein paar Morgen Hügelland und profitiert dort von einem einzigartigen Mikroklima. Die Sonne und die salzige Luft an diesem Ort verleihen den Blättern die perfekte Balance zwischen Aroma und mildem Geschmack. Ursprünglich vom Frühling bis zum Herbst gegessen – länger hielt das Pesto, wenn man es mit einer Schicht Olivenöl bedeckte –, kann das Kraut nun das ganze Jahr über geerntet werden, weil speziell entworfene Gewächshäuser es mit mehr Licht versorgen und die Pflanzen vor stürmischen Seewinden schützen.

Puristen werden sagen, dass man das Pesto mit Stößel und Mörser zerstoßen muss, aber inzwischen wird auch über einen Mixer nicht mehr die Nase gerümpft. In dem Restaurant »Sa Pesta«, seit 1884 ein Markenzeichen in Genuas Altstadt, wird das Pesto mit seiner klassischen Begleitung serviert: *trofie,* eine kurze, dünne Spiralnudel, die nach Meinung von Riccardo Benvenuto, Koch im »Sa Pesta«, das Pesto perfekt aufnimmt. Im »Sa Pesta« wird das Pesto mit der Hand in einem marmornen Mörser mit dem Stößel hergestellt, indem man das Basilikum zusammen mit Knoblauch, Pinienkernen, Olivenöl und Käse zerstößt. Die Pasta kommt von der Nudelmanufaktur »Pastificio Novella« in dem nahen Ort Sori. »Pastificio Novella« verfügt über speziell angefertigte Maschinen zum Formen dieser kleinen, spiraligen Nudeln, die es auch mit Kastanienmehl, mit Spinat und mit Tintenfischtinte schwarz gefärbt gibt.

Riccardos Familie führt das »Sa Pesta« seit den 1950er-Jahren und serviert auch andere Genoveser Gerichte, die mit frischen, von der Sonne verwöhnten Produkten hergestellt werden, zum Beispiel *torte di vedure Genovese* – Quiches mit Zwiebeln, Roten Beten und Mangold – und verschiedene gefüllte Sardinen-, Artischocken- und Mangoldgerichte. Wenn man die *trofie* noch reichhaltiger machen möchte, werden traditionell grüne Bohnen und kleine Stücke gekochte und geschälte Kartoffeln hinzugefügt.

TROFIE AL PESTO

Ligurische Trofie mit Pesto

Für 4 Portionen
Zubereitungszeit: 15 Minuten

300 g frisches Basilikum (nur die Blättchen)
½ TL Meersalz plus etwas für die Pasta
1 Knoblauchzehe
4 EL geriebener Grana Padano oder Parmigiano Reggiano (mindestens 1 Jahr alt) plus etwas zum Bestreuen
1 EL geriebener Pecorino
3 EL Pinienkerne
120 ml natives Olivenöl extra oder so viel, wie benötigt
500 g Trofie-Nudeln

1 Die Basilikumblätter waschen und ein paar Minuten in eine Schüssel mit Wasser legen, um sie aufzufrischen. Dann auf einem sauberen Küchentuch trocknen.

2 Salz und Knoblauchzehe in einen Mörser geben und mit dem Stößel in kreisenden Bewegungen zerdrücken, dabei Druck ausüben, aber nicht stampfen. Wenn sich eine Paste gebildet hat, die Basilikumblätter hinzufügen. Mit den langsamen kreisenden Bewegungen fortfahren und die Blätter an der Seite des Mörsers zerdrücken.

3 Wenn alle Blätter zerdrückt und zu einer Paste verbunden sind, die geriebenen Käse hinzugeben, dabei alles weiter mit dem Stößel vermengen und gleichzeitig zerdrücken. Dann die Pinienkerne sowie nach und nach jeweils ein wenig Öl dazugeben.

4 Die Pasta ein paar Minuten in kochendem Salzwasser al dente kochen, auf tiefe Teller verteilen und das Pesto daraufgeben. Mit etwas geriebenem Parmesan bestreut servieren.

Tipp

Sie können das Basilikum aus Pra nicht bekommen? Kein Grund zur Panik! Der einzigartige Geschmack des Genueser Pestos rührt zum Teil daher, dass die Basilikumblätter gepflückt werden, während die Pflanzen noch jung sind. Wählen Sie einfach eine Basilikumpflanze oder ein Sträußchen Basilikum mit der hellgrünsten Farbe und verwenden Sie davon die kleinsten Blätter, dann wird Ihr Pesto der Süße und Leichtigkeit des Genueser Pestos nahekommen.

STOCCAFISSO ACCOMODATO ALLA GENOVESE
Stockfisch mit Oliven und Gartengemüse

Im Mittelpunkt dieses weit verbreiteten, vollwertigen Gerichts steht zwar Fisch, aber seine sehr traditionellen Qualitäten kommen nicht aus dem Meer, sondern aus Liguriens sattgrünem Hinterland, wo noch immer die privaten Küchengärten die Zutaten für die meisten Gerichte liefern.

Wenn Fausto Oneto an die ligurische Küche denkt, hat er immer einen Küchengarten im Kopf. »Fast alle typischen Gerichte dieser Region kommen aus dem Garten«, sagt er, »unsere traditionellsten Rezepte – Pesto, Walnusssauce, gefüllte Gemüse und Gemüsetorten – kommen alle aus der Erde.«

Dieses Rezept war ursprünglich für den Freitag gedacht, an dem Katholiken kein Fleisch essen sollen. »Auf diese Art kann man Fisch und Gemüse zusammen verarbeiten – zum Beispiel Mangold, Kartoffeln, Oliven, Bohnen, Tomaten und Kabeljau«, sagt Fausto, »ein Hauptmerkmal der ligurischen Küche ist, dass wir häufig Eintopfgerichte zubereiten. Unsere Küche leitet sich von Familientraditionen ab, nicht vom Kochen in Restaurants.«

Mit den im Garten wachsenden Gemüsen und dem leicht verfügbaren getrockneten Fisch war dieses Gericht ursprünglich ein typisches Essen für arme Leute, inzwischen findet man es aber auch in Restaurants. »Wenn man alles zu Hause machen möchte, muss man den Stockfisch eine Woche in fließendes Wasser legen«, erklärt Fausto, »heute kaufen wir den Fisch fertig geweicht, aber trotzdem stinkt das Haus danach. Und der Preis für diesen Fisch wird immer höher, deshalb wird das Gericht immer häufiger in schicken Restaurants angeboten. Aber man isst es auch noch regelmäßig in Liguriens Häusern im Hinterland.«

Das Restaurant »U Giancu« ist so ein Haus im Hinterland, umgeben von Küchengärten und grünen Terrassen, hoch oben in den Bergen gelegen, die hinter der Küstenstadt Rapallo steil ansteigen. Die Hälfte der im Restaurant verwendeten Gemüse und Kräuter kommt aus diesen Gärten oder der nahen Umgebung. *U giancu* ist ligurischer Dialekt und bedeutet »der Weiße« – ein Spitzname für Faustos weißblonden Vater, der das Restaurant in den 1960er-Jahren mit seiner Ehefrau und seiner Schwester eröffnete. Heute arbeiten Fausto und sein Sohn in der Küche – Letzterer serviert hier auch sein selbst gebrautes Bier der Spezialsorte »India Pale Ale« (IPA), was eine wachsende Zahl begeisterter Gäste anzieht.

Das »U Giancu« ist ein Ort, den die Italiener wohl mit *particolare* (besonders) bezeichnen würden, denn es ist über und über mit Comics ausgestattet – an den Wänden, in die Tischdecken gestickt und sogar auf den Tausenden Hüten, die Fausto abwechselnd trägt. »Die Leute kommen aus unterschiedlichen Gründen her: einige wegen der Cartoons oder des Biers, andere wegen des Essens, des Außengeländes oder unseres Weinkellers. Einige nur, um abzuhängen und mit uns zu kochen.« Wir sind eben im Hinterland.

Koch //
Fausto Oneto
Ort //
Restaurant »U Giancu«, Rapallo

STOCCAFISSO ACCOMODATO ALLA GENOVESE

Stockfisch mit Oliven und Gartengemüse

Für 4 Portionen
Zubereitungszeit: 1 Stunde plus Einweichzeit über Nacht

150 g getrocknete weiße Bohnen
Salz
600 g bereits geweichter Stockfisch
1 Knoblauchzehe
1 mittelgroße Zwiebel
1 kleines Bund frische Petersilie, Blättchen abgezupft
4 EL natives Olivenöl extra
etwas trockener Weißwein
4 Tomaten, geschält
60 g kleine schwarze Oliven ohne Stein
250 g Kartoffeln, geschält und gewürfelt
100 g Mangold, in Streifen geschnitten
frisch gemahlener schwarzer Pfeffer

1 Die Bohnen über Nacht in kaltem Wasser einweichen.

2 Die Bohnen in einem Topf mit kaltem Wasser bedeckt zum Kochen bringen, weich köcheln lassen und nach Geschmack salzen.

3 Den Stockfisch 2–3 Minuten blanchieren, dann alle Gräten entfernen.

4 Knoblauchzehe, Zwiebel und Petersilie fein hacken. In 2 EL heißem Olivenöl etwa 2 Minuten anschwitzen, dann den Stockfisch dazugeben.

5 Behutsam vermischen und etwas Weißwein angießen. Weiterkochen, umrühren und wieder Wein zugießen.

6 Nun die Tomaten hinzufügen. Ein paar Minuten kochen, dann Oliven, Kartoffeln und Mangold dazugeben.

7 Den Topf abdecken und alles 15–20 Minuten bei geringer bis mittlerer Temperatur köcheln lassen, bis die Kartoffeln weich zu werden beginnen. Die gekochten Bohnen und ein wenig von ihrem Kochwasser hinzufügen.

8 Alles noch einmal 5–7 Minuten kochen, dann mit Salz und Pfeffer abschmecken und 2 EL Olivenöl hinzugeben. Das Gericht sollte die Konsistenz eines Eintopfs haben. Falls nötig, ein paar Kartoffeln zerquetschen, um eine dickere Konsistenz zu erhalten.

»Der Unterschied zwischen der französischen und der italienischen Küche ist, dass die französische Küche von großen Köchen stammt; das italienische Essen kommt von Müttern und Großmüttern.«

Fausto Oneto

RISOTTO ALLA MILANESE
Risotto Milanese

Das bekannteste Gericht auf Mailands breitgefächerter Speisekarte, das nach der Stadt selbst benannte Risotto, isst man vielleicht nirgends besser als im »Salumaio Montenapoleone«; das Restaurant, seit den 1950er-Jahren eines der besten der gastronomischen Szene der Stadt, befindet sich in einem Neorenaissance-Palast in der Via Montenapoleone, der pulsierenden Schlagader von Mailands Modebezirk.

Koch //
Diego Pizzin
Ort //
Restaurant »Salumaio Montenapoleone«, Mailand

Das »Salumaio Montenapoleone«, in dem drei Generationen der Travaini-Familie dieses klassische Risotto serviert haben, ist eine kulinarische Kultstätte, seit es 1957 in Mailand eröffnet wurde. Der Legende nach wurde das Risotto 1574 in Mailand geboren: Einem Glaskünstler, der Safran benutzte, um seinen Farben mehr Leuchtkraft zu verleihen, soll bei einer Hochzeitsfeier Safran in einen Topf Reis gefallen sein. Die Gäste waren begeistert und bezeichneten den Reis als »risus optimus«, Lateinisch für »großartiger Reis«, was später angeblich zu Risotto verkürzt wurde. Das Rezept machte Schule. In Italiens kälterem Norden spendet ein Teller Reis sofortiges Wohlbefinden und bleibt viel länger warm als Pasta. So erfreut sich Reis hier größerer Wertschätzung und findet sich häufiger auf den Speisekarten als im warmen Süden.

Zurzeit hat Diego Pizzin die Aufsicht über das, was in den herrschaftlichen Neorenaissance-Essräumen des »Salumaio Montenapoleone« auf den Tisch kommt. Nach Diegos Meinung hängt der Erfolg des Gerichts ganz von der Reisqualität ab. Carnaroli-Reis aus der Lombardei wird als der Aristokrat unter den Risotto-Reissorten angesehen (Antonio Carlucci nennt ihn den »Ferrari der Reissorten«) und traditionell wird das Risotto Milanese nur mit diesem Reis zubereitet. Er hat längere Körner und einen feineren Geschmack als Arborio-Reis, ist extrem absorbierfähig und behält trotzdem seinen Biss, sodass das Risotto sehr cremig, aber nicht klebrig oder fest wird. Wie bei allen einfachen italienischen Rezepten hängt das Gelingen des Risotto Milanese von den richtigen Zutaten ab. Und das sind neben dem Carnaroli-Reis Butter und Parmesan guter Qualität sowie eine sorgsam zubereitete Brühe. Im »Salumaio Montenapoleone« ist das Rinderbrühe, die dem Gericht eine intensiv schmeckende Basis verleiht, aber man kann auch Hühnerbrühe nehmen.

Eine weitere unverzichtbare Zutat ist natürlich Safran. Safran ist eines der teuersten Gewürze der Welt und wird in Italien nur in kleinen Mengen, aber sehr hoher Qualität angebaut. *Zafferano* (italienischer Safran) gehört zu den besten der Welt. Die Auslese der Krokusernte – von der Krokuspflanze stammen die Safranfäden – kommt aus L'Aquila in den Abruzzen, aus Sardinien und aus San Gimignano in der Toskana. Schon ein paar dieser luxuriösen Fäden, die jeden Herbst von Hand geerntet werden, verleihen einem Risotto Milanese seine wunderbar goldgelbe Farbe.

RISOTTO ALLA MILANESE
Risotto Milanese

Für 4 Portionen
Zubereitungszeit: 45 Minuten

1 kleine Zwiebel
2 EL natives Olivenöl extra
350 g Carnaroli-Reis
150 ml trockener Weißwein
2 l Rinderbrühe guter Qualität
1 Tütchen Safranfäden, in etwas kochendem Wasser aufgelöst
100 g Butter
100 g Parmesan, gerieben
Salz
frisch gemahlener weißer Pfeffer

1. Die Zwiebel klein hacken und in heißem Olivenöl 2 Minuten glasig anschwitzen.

2. Nun den Reis hinzufügen – die Körner sollten zischen, wenn sie mit dem Topf in Berührung kommen – und bei mittlerer Temperatur unter ständigem Rühren 2 Minuten braten, bis die Zwiebelstücke hellbraun sind.

3. Weißwein hinzufügen und unter Rühren zum Kochen bringen, weiterrührend kochen, bis er verdunstet ist. Nun während der nächsten 10 Minuten nach und nach die Brühe dazugeben, dabei kontinuierlich rühren, damit der Reis nicht am Topfboden anhaftet und zum Schluss eine cremige Konsistenz erreicht. Der Reis sollte nun köcheln, aber nicht stark kochen.

4. Nun den aufgelösten Safran hinzufügen. 2 Minuten, bevor der Reis fertig ist (etwa 18 Minuten vom Beginn des Kochprozesses an – abschmecken, um zu überprüfen, in welchem Stadium er ist), Butter und Parmesan hinzufügen und kräftig durchrühren, um eine cremige und glänzende Konsistenz zu erreichen.

5. Nach Belieben mit Salz und Pfeffer abschmecken und sofort in weiten Tellern servieren, damit der Reis nicht in seinem eigenen Dampf weitergart, was ihm eine puddingähnliche Konsistenz verleihen würde.

Tipp

Dieses Gericht ist köstlich reichhaltig, mit einer großzügigen Menge Butter und Parmesan. Aber um ein cremiges Risotto mit der genau richtigen Konsistenz zu erhalten, ist ein *girariso* (wörtlich »Reisrührer«) hilfreich – ein Holzlöffel mit einem Loch in der Mitte. Während man rührt, wird die Schicht darüber durch das Loch in die andere Richtung gedrückt, sodass die Rühreffizienz verdoppelt wird. Ständiges Rühren macht das Risotto cremig, weil so langsam die Stärke im Reis freigesetzt wird. Butter und Parmesan, am Ende kräftig untergerührt, verleihen dem Gericht zum Abschluss noch einen feinen Glanz. Das Risotto muss dann sofort gegessen werden, es sollte nicht länger stehen.

VITELLO TONNATO
Kalbfleisch mit Thunfisch-Kapern-Sauce

Dieses höfische Gericht aus dem 19. Jahrhundert entstand in einer Zeit, als Piemont mit der Küstenregion Ligurien verbündet war. Die königliche Region Piemont tauschte ihre feinen Weine gegen Thunfisch, Sardellen, Öl und Kapern, die in Liguriens Häfen landeten. Diese Zutaten dienten der Herstellung einer luxuriösen Sauce für die besten Kalbfleischstücke.

Unter den Fresken des Speisesaals aus dem 19. Jahrhundert wird die schwarz-weiß gekleidete Serviermannschaft einer strengen Überprüfung unterzogen, bevor das Restaurant öffnet. Es ist Sonntagmittag, die Zeit der Woche, wo im »Del Cambio« in Turin der größte Betrieb ist und alles von den Kronleuchtern bis zum Besteck glänzt. Ein königlicher Haushalt bräuchte sich eines Vergleichs nicht zu schämen.

In Italien ist Turin als eine Stadt mit königlichen Palästen einzigartig, von denen das »Del Cambio« so etwas wie ein Ehrenmitglied ist. Das elegante Restaurant wurde 1757 eröffnet und liegt am Piazza Carignano, wo auch der prächtige Barockpalast gleichen Namens steht. Zu den treuesten Gästen des Restaurants zählte einst Graf Camillo Benso di Cavour, Architekt der italienischen Verfassung und erster Ministerpräsident des neuen Königreichs Italien. Auch Größen wie Mozart, Balzac, Nietzsche, zahlreiche Staatslenker, Könige, Operndiven und sogar Giacomo Casanova, Italiens legendärer Verführer, haben sich ins Gästebuch des »Del Cambio« eingetragen.

Hier serviert heute Küchenchef Matteo Baronetto ein erstklassiges, traditionelles *vitello tonnato*, für dessen Sauce er Eigelb von gekochten Eiern verwendet, sodass sie eher einer Creme ähnelt als der – wie er sie nennt –»weglaufenden« Mayonnaise, die in modernen Rezepten favorisiert wird. »Es kommt alles auf die besten Zutaten an«, sagt Baronetto, »und unser Fleisch ist von diesen die allerbeste, warum sollte man es also unter Mayonnaise verstecken?«

Der in Piemont geborene Baronetto kehrte erst vor Kurzem nach einer langen Zeit als Koch in Mailands Sterne-Restaurant »Cracco« in seine Heimat zurück, um die Leitung der restaurierten Küchen und Salons des »Del Cambio« zu übernehmen. »Ich wollte schon immer an einem Ort arbeiten, der historisch wichtig für die italienische Küche war«, verrät er, »und die Leute in Turin wissen, wie man gut isst. Sie kennen die traditionelle Küche, aber sie schätzen auch ein wenig vernünftige Improvisation.«

Baronetto empfiehlt als Fleisch *magatello* oder *girello* (Filetsteak), das zarteste Kalbfleisch, und statt das Fleisch auf traditionelle Art zu kochen, gart er es mit der Sous-vide-Methode. So bleiben Geschmack und Nährstoffe erhalten und das Fleisch wird besonders zart.

Koch //
Matteo Baronetto
Ort //
Restaurant »Del Cambio«, Turin

VITELLO TONNATO

Kalbfleisch mit Thunfisch-Kapern-Sauce

Für 4 Portionen
Zubereitungszeit: 2 Stunden einschließlich Abkühlzeit

Für das Kalbfleisch
400 g Kalbsfilet
1–2 EL natives Olivenöl extra
20 ungesalzene Kapern zum Dressieren
2 EL Sonnenblumenöl
4 Stangen Sellerie
12 gelbe Sellerieblätter
Maldon-Meersalz

Für die Sauce
200 g Thunfisch (gute Qualität aus der Dose, gut abgetropft)
25 g ungesalzene Kapern
50 g in Salz eingelegte braune Sardellen guter Qualität
80 ml Saft vom gegarten Kalbfleisch
3 Eier (Größe M)

1 Das Kalbsfilet bei 60 °C 1 Stunde mit der Sous-vide-Methode garen. Den ausgetretenen Fleischsaft aufbewahren.

2 Das gegarte Fleisch in einem Topf in heißem Olivenöl anbraten, dabei soll alles bis auf die äußersten Ränder rosa bleiben. Abkühlen lassen und in 1 cm dünne Scheiben schneiden. Austretenden Saft wieder aufbewahren.

3 Den Fleischsaft aus den Schritten 1 und 2 zusammen reduzieren, es sollten sich etwa 80 ml Sauce ergeben.

4 Die ungesalzenen Kapern zum Dressieren in heißem Sonnenblumenöl ein paar Sekunden bei mittlerer Temperatur braten.

5 Für die Sauce den Thunfisch mit den Kapern und den Sardellen zerdrücken und nach und nach teelöffelweise Wasser sowie Kalbfleischsauce dazugeben, alles zu einer cremigen Mischung verarbeiten. Bei Verwendung eines Mixers nicht zu lange mixen. Die Sauce sollte ziemlich fest sein und nicht auseinanderlaufen.

6 Die Eier 6 Minuten hart kochen. Pellen und abkühlen lassen, dann das Eiweiß ablösen und entsorgen, das Eigelb durch ein feines Sieb streichen. Das krümelige Eigelb mit der Sauce vermischen.

7 Die Kalbfleischscheiben auf einem Servierteller in einem Kreis anrichten und in die Mitte die Sauce geben.

8 Die Selleriestangen in etwa 6–7 cm lange Streifen schneiden, dann in feine Juliennes schneiden. Ein paar Minuten in Eiswasser legen, damit sie knackig werden, dann über der Sauce anrichten. Darauf noch die grob gehackten Sellerieblätter und die gebratenen Kapern verteilen, Meersalz darübermahlen. Das Fleisch mit etwas Sauce beträufeln und servieren.

PESCE PERSICO IN CARPIONE
Mariniertes Barschfilet

Die Fischerei war einst die Lebensader des Ortasees, des westlichsten der norditalienischen Bergseen. Jetzt hat hier eher der Tourismus übernommen, aber Gerichte mit Fischen aus dem See sind noch immer die Stars der regionalen Speisekarten, darunter auch dieses sommerliche Rezept für marinierten Barsch.

Dieses Gericht stammt aus der Zeit, als es große Fischvorräte, aber noch keine Kühlschränke gab. »Sogar in den heißesten Sommern konnte man auf diese Art zubereiteten Barsch mindestens ein paar Tage im Keller aufbewahren«, erzählt Marialuisa Romussi von der Taverne »Antico Agnello« in Miasino, einer Gemeinde nahe Orta San Giulio. Dieser Süßwasserfisch, der im Regionaldialekt auf den Speisekarten statt *persico* auch *pèrsich* heißt, ist hier am See der beliebteste Fisch.

»Das Gericht wird traditionell als kalte Vorspeise oder im Sommer auch als Hauptgericht serviert«, erzählt Marialuisa, »auf diese Art zubereitet hält es sich ein paar Tage im Keller. Es wird vermutet, dass es jüdischen Ursprungs ist, weil es im Voraus zubereitet und dann am Sabbat gegessen werden kann. Es ist eines der vielen italienischen Rezepte mit der Möglichkeit, konservierten Fisch zu verwenden.« *Misultin* mit *agoni* (eine Art Hering) ist ein anderes beliebtes Gericht aus dem See – der Fisch dafür wird auch in *Carpione* zubereitet; man sieht ihn oft an den Seeufern zum Trocknen auf Leinen aufgehängt. Für *carpione* – »Würzen« oder »Marinieren« – gibt es zahlreiche Varianten. Bei dieser werden Lorbeerblätter verwendet, andere Gerichte marinieren mit wildem Thymian, der zwischen den Felsen und Steinmauern rund um den See wächst.

Marialuisa und ihr Ehemann Giulio Boschini führten 20 Jahre lang ein Restaurant in Orta und sind erst vor Kurzem in die am Berghang gelegene Gemeinde Miasino gezogen, um dort in der barocken Villa Nigra aus dem 16. Jahrhundert die Taverna »Antico Agnello« zu eröffnen. »Miasino ist ein sehr besonderer Ort«, sagt Marialuisa, »heute ist er nicht so bekannt wie Orta, aber einst gab es eine große Tradition, hier seine Sommerferien zu verbringen. Vom 17. bis zum 19. Jahrhundert kamen die wohlhabenden Milanesen her, um der Hitze in Mailand zu entgehen; der Ort hat viele wunderschöne alte Paläste aus dieser Zeit. Jetzt entdecken die Leute Miasino wieder, aber es bleibt eine wunderbar abgeschiedene und lauschige kleine Ecke an einem unserer schönen Seen.«

Koch //
Giulio Boschini
Ort //
Taverna »Antico Agnello«, Orta San Giulio

PESCE PERSICO IN CARPIONE
Mariniertes Barschfilet

Für 4 Portionen
Zubereitungszeit: 40 Minuten plus mindestens 1 Tag (idealerweise 2 Tage) Marinierzeit

2 Karotten
1 Stange Sellerie
2 mittelgroße Zwiebeln
4 EL natives Olivenöl extra
Salz
frisch gemahlener schwarzer Pfeffer
150 ml trockener Weißwein
75 ml Weißweinessig
2 frische Lorbeerblätter
20 Barschfilets
2–3 EL Weizenmehl (Type 405; oder genug, um die Filets darin zu wälzen)

1 Karotten schälen, Zwiebeln abziehen und Sellerie putzen. Das Gemüse für die Marinade in feine Streifen schneiden.

2 In einem Topf 2 EL Olivenöl erhitzen, das Gemüse darin anschwitzen. Dann salzen und pfeffern und mit Wein und Weißweinessig ablöschen.

3 Die Lorbeerblätter hinzufügen.

4 Die Flüssigkeit um die Hälfte reduzieren.

5 Die Barschfilets in Mehl wälzen und in dem restlichen Olivenöl kurz anbraten.

6 Die Filets in eine Servierschüssel legen und mit der heißen Sauce bedecken.

7 Mindestens 1 Tag im Kühlschrank marinieren, dann servieren.

TORTA ALLE NOCCIOLE
Schokoladen-Haselnuss-Kuchen

Als eine der schmucken Konditoreien, die Turins breite Boulevards im Pariser Stil säumen, fertigt die Konditorei »Stratta« seit nun fast 200 Jahren Torten, Gebäck und Pralinen für die Piemonteser. Häufig wird für die luxuriösen Kreationen das berühmte Turiner Gianduja-Nugat verwendet, so auch für diese knusprig-cremige Torte.

Turins Konditoreien sehen selbst schön und köstlich aus: Mit schokoladenfarbenen Holzpaneelen getäfelt, mit reich verzierten Spiegeln und goldgerahmtem Glas geschmückt, führen den Besucher die Vitrinen genauso in Versuchung wie eine wunderschön eingewickelte Praline. Und dann sind da natürlich all die süßen Leckereien – und der Mittelpunkt in den Schaufenstern ist fast immer ein kunstvoll errichteter Berg *gianduja*, Nugatpralinen, die in Turin erfunden wurden. Diese kleinen Pralinen in Goldpapier, von denen die besten mit über Olivenholz gerösteten Kakaobohnen gemacht werden, sind mit Stückchen von Piemonts IGP-Haselnüssen veredelt. Die Nüsse kommen aus der bergigen Langhe-Region, eine Fahrstunde südlich von Turin.

Auch diese klassische Torte aus Italiens Norden ist voll mit diesen erstklassigen IGP-Nüssen – und dazu noch mit einer Nugatcreme. Heraus kommt eine weiche Torte, die stellenweise eine fast mousseähnliche Textur hat. Dieses Rezept der Konditorei »Stratta« verführt dazu noch mit Extraknackigkeit, da das Äußere fast so knusprig wie ein Keks wird – der perfekte Kontrast zur weichen Haselnusscreme.

Die Konditorei »Stratta« liegt direkt an der Piazza San Carlo, Turins *salotto* (also »Salon«), und ist ein Ort, an dem man sich trifft und plaudert, aber hauptsächlich isst und genießt. Die Leitung dieses zuckrigen, geschäftigen Herzens der Stadt hat Monica Werling inne, deren Familie hier seit den 1950er-Jahren Torten, Gebäck, Pralinen und Desserts kreiert. Eine der bekanntesten »Stratta«-Torten ist die »Adri« – auch ein Rezept mit Haselnüssen, aber getoppt mit farbenfrohen Beeren und Sahne –, die nach Monicas verstorbener Tante Adriana benannt wurde.

»Auch nachdem meine Mutter und mein Vater schon verheiratet waren und Kinder hatten, lebte meine Tante weiter bei uns«, erzählt Monica, »Adriana wohnte bei uns, kochte für uns, arbeitete mit uns. Und sie brachte mir das Kochen und Backen bei, sie war immer so kreativ und experimentierte in unserer Küche. Sie fing mit dem Backen an, als sie sechs oder sieben Jahre alt war. Deshalb war sie die beste Lehrerin, die man überhaupt haben konnte.«

Konditorin //
Monica Werling
Ort //
Konditorei »Stratta«, Turin

TORTA ALLE NOCCIOLE

Schokoladen-Haselnuss-Kuchen

Für 4–6 Stück
Zubereitungszeit: 1 Stunde

300 g Haselnusskerne plus evtl. einige zum Garnieren
250 g Zucker
100 g Weizenmehl (Type 405) plus etwas zum Bestauben der Form
1 TL Backpulver
4 Eier (Größe M)
150 g Butter, zerlassen, plus etwas zum Einfetten der Form
1 Prise Salz
etwa 200 g Haselnusscreme (genug zum Füllen und Bestreichen der Oberfläche)

1 Den Backofen auf 180 °C Ober-/Unterhitze vorheizen. Die Haselnüsse fein hacken und mit Zucker, Mehl und Backpulver vermischen.

2 Die Eier trennen. Eigelb zusammen mit der zerlassenen Butter zur Haselnussmischung geben und unterheben. Eiweiß mit 1 Prise Salz steif schlagen, zur Haselnussmischung geben und vorsichtig unterheben.

3 Die Mischung in eine gefettete und mit Mehl bestaubte runde Backform (Ø 20 cm) füllen.

4 Im vorgeheizten Backofen 30–50 Minuten backen. Herausnehmen und ganz auskühlen lassen.

5 Die ausgekühlte Torte horizontal halbieren und Ober- und Unterschicht mit Haselnusscreme bestreichen. Die Schichten mit den bestrichenen Seiten zusammendrücken und den Tortenrand ebenfalls mit Haselnusscreme einstreichen.

6 Falls gewünscht, den Tortenrand mit gehackten Haselnüssen dekorieren.

Tipp

Gianduia *oder* gianduja*? Wie heißt es richtig? Die für die Turiner Nugatpralinen verwendete Variante mit dem »j« war im späten 19. Jahrhundert üblich und man findet sie noch immer an den Fassaden der alten Konditoreien der Stadt. Sie stammt von einem Piemonteser Dialekt. Im üblichen italienischen Alphabet gibt es kein »j«.*

PANETTONE

Dieser unverwechselbare, wie eine Kuppel geformte Kuchen mag königlich aussehen, ist aber wahrscheinlich eher bescheidenen als monarchischen Ursprungs. Eine der vielen Geschichten rund um den Panettone besagt, dass er bei den Römern entstanden ist, die ihr Brot mit Honig süßten.

Zur Entstehung dieses Kuchens gibt es zahlreiche Geschichten, am wahrscheinlichsten ist wohl die aus dem mittelalterlichen Mailand. Damals war Weizen wertvoll und die Leute feierten Weihnachten mit einem hoch aufgegangenen Hefebrot voller kandierter Früchte. Ebenfalls in Mailand erreichte die Herstellung des Panettone in den frühen 1920er-Jahren einen Höhepunkt, als die Konkurrenz zwischen den Bäckern die Preise sinken und den Verzehr des Kuchens ansteigen ließ. Dadurch wurde er zu dem unverzichtbaren Weihnachtsattribut, das er noch heute in Italien ist.

In jedem Dezember veröffentlichen die Mailänder Zeitungen und die italienischen Food-Zeitschriften eine Top-Ten-Liste, in der die besten Orte aufgeführt sind, um Panettone zu kaufen, der den Weihnachtstisch krönen soll. Um einen dieser Spitzen-Panettone zu bekommen, muss man schon Monate im Voraus bestellen, denn die besten Konditoren der Stadt stellen nur eine begrenzte Anzahl der begehrten Kuchen her. Sie sind nach geheimen Hausrezepten gebacken, die besser gehütet werden als die Safes der prunkvollen Mailänder Banken. Zum alten Geldadel gehörende Mailänder Familien, die schon seit Jahrhunderten bei den besten Bäckern der Stadt kaufen, haben Priorität, wenn es um diese Elite-Panettone geht. Man kann sich zwar in eine Warteliste eintragen lassen, aber eigentlich muss schon jemand sterben, bevor man darauf einen Platz bekommt.

Die Konditorei »Marchesi«, seit 1824 eine der zuckrigen Berühmtheiten Mailands, schafft es immer auf die Top-Ten-Liste, wenn sie sie nicht sogar anführt. Gebacken wird hier wie seit jeher nach Mailänder Tradition. Der Kuchen wird mit einem Vorteig angesetzt, der vor dem Backen 48 Stunden bei einer bestimmten Temperatur und Behandlung aufgeht. Und die Zutaten sind natürlich die allerbesten, die man am Markt bekommen kann – von der Butter, die ausschließlich mit Piemonteser Milch gemacht wurde, bis zu den Eiern von freilaufenden Hühnern, duftenden Vanilleschoten und feuchten, kandierten Früchten.

Der Vorteig macht das Backen eines Panettone etwas aufwendig und auch die Zubereitung in mehreren Stufen spricht nicht gerade für ein einfaches Backwerk. Hat man den Teig fertig, muss der Panettone ganz langsam gebacken werden – und dann muss er natürlich gekühlt werden, damit er weich und duftend bleibt. Man kann ihn in Scheiben schneiden und frisch essen, aber die Konditorei »Marchesi« serviert ihn leicht getoastet mit etwas Zucker bestreut.

Ort //
Pasticceria »Marchesi«,
Mailand

PANETTONE

Für 3 Kuchen
Zubereitungszeit: 7 Stunden

14 g Trockenhefe
500 g Weizenmehl (Type 405)
125 ml warme Milch (3,5 % Fett)
125 g Zucker
4 Eier (Größe M)
3 Eigelb
1 TL Vanilleextrakt
170 g Butter
325 g gemischte kandierte Früchte
1 TL Zitronenschale
2 EL Orangenschale
etwas Sonnenblumenöl für die Form
3 gewellte Panettone-Papierformen
  oder Kuchenformen mit
  herausdrückbarem Boden
2 EL geschmolzene Butter
1 EL Sahne

1 Eine kleine Schüssel unter heißem Wasser anwärmen, 5 EL warmes Wasser hineingießen und die Hälfte der Hefe hineinstreuen. Wenn sie aufgelöst ist, 60 g Mehl einrühren, Schüssel abdecken und stehen lassen, bis sich der Inhalt verdoppelt hat (etwa 30 Minuten). Die restliche Hefe in der warmen Milch auflösen.

3 Zucker, Eier, 2 Eigelb und Vanilleextrakt aufschlagen und die Hefemilch einrühren. Zum Vorteig geben und alles zu einem Teig verrühren.

4 Butter und restliches Mehl vermengen, bis die Masse krümelig ist. Zur Teigmischung geben und alles in der Küchenmaschine bei hoher Geschwindigkeit 3–4 Minuten schlagen, bis der Teig elastisch ist und lange Fäden zieht. Kandierte Früchte und Zitrusschalen unterrühren, dann den Teig in eine eingeölte Schüssel legen. Abgedeckt an einem warmen Ort ruhen lassen, bis der Teig seine Größe verdoppelt hat (etwa 2–3 Stunden).

5 Die Papierkuchenform zu einer 7 cm hohen Manschette falten und mit der geschmolzenen Butter einfetten. Den Teig ein paar Minuten kneten und dann in drei gleich große Teile teilen, zu Kugeln formen und in die Formen legen. Die Formen etwa 10 cm voneinander entfernt auf ein Backblech stellen, lose abdecken und an einem warmen Ort etwa 2 Stunden gehen lassen.

6 Den Backofen auf 200 °C Ober-/Unterhitze vorheizen. Mit einer eingeölten Scherenspitze ein X in die Oberfläche jedes Kuchens ritzen – das verheißt Glück im kommenden Jahr. Das restliche Eigelb mit der Sahne verquirlen und die Oberfläche der Kuchen damit leicht einpinseln.

7 Das Backblech in den unteren Teil des Backofens stellen. Nach 10 Minuten die Temperatur auf 190 °C Ober-/Unterhitze reduzieren und weitere 30 Minuten backen. Die Stäbchenprobe machen. Wenn die Kuchen zu schnell braun werden, leicht mit Alufolie bedecken. Auf einem Kuchengitter auskühlen lassen.

Tipp

Panettone ist ein Kuchen, dessen Zubereitung in mehreren Stufen erfolgt – traditionell hergestellt dauert es einige Tage, bis er fertig ist. Man würde die Früchte kandieren, eigenen Vorteig verwenden und einige Stunden verkehrt herum aufhängen, damit er noch etwas länger wird, sodass seine charakteristische Kuppelform entsteht. Das Rezept in diesem Buch ist eine vereinfachte Variante. Der Kuchen hält sich mehrere Wochen, wenn er in Frischhaltefolie eingewickelt und in einem luftdichten Behälter aufbewahrt wird.

Eigentlich ist er ein Brot, zumindest sagt das sein Name (pane ist das italienische Wort für »Brot«). Manche deuten die Nachsilbe »toni« als Hinweis auf einen nicht näher bestimmten Antonio als Erfinder des Rezepts (dann hieße der Kuchen Tonis Brot), aber eher wird angenommen, dass das Wort »großes Brot« bedeutet (panetto hieße kleines Brot).

ZENTRALITALIEN

Von frischer, nach Steinpilzen duftender Pasta und dunklen Wildeintöpfen bis zu Gerichten, die mit dem allerbesten Pecorino, Parmesan und Prosciutto di Parma gekrönt sind, findet man in den zentralen Regionen Italiens feinste Produkte und gleichzeitig einige der ältesten, in die Geschichte eingegangenen Gerichte der cucina povera (Arme-Leute-Küche).

ZUPPA ALLA FRANTOIANA
Toskanische Bohnen-Kohl-Suppe
Seite 126

PANINO DI LAMPREDOTTO
Sandwich mit Kuhlabmagen
Seite 130

ZUPPA DI LENTICCHIE
Linsensuppe
Seite 134

FRANCESINA
Toskanischer Rindfleischsalat
Seite 138

CAPPELLACCI RIPIENI DI PATATE
Cappellacci mit Kartoffelfüllung und Rindfleischsauce
Seite 142

IL CACCIUCCO ALLA LIVORNESE
Livorneser Fischeintopf
Seite 147

CARBONARA
Seite 150

CODA ALLA VACCINARA
Ochsenschwanz-Schmortopf
Seite 154

PAPPARDELLE AL RAGÙ DI CINGHIALE E FUNGHI PORCINI
Pappardelle mit Wildschwein-Steinpilz-Sauce
Seite 158

GNOCCHI CON SUGO DI SPUNTATURE DI MAIALE
Gnocchi in Schweinerippchen-Sauce
Seite 162

CINGHIALE IN UMIDO CON OLIVE
Wildschweingulasch mit Oliven
Seite 166

SALTIMBOCCA ALLA ROMANA
Kalbschnitzel auf römische Art
Seite 170

ZUPPA ALLA FRANTOIANA
Toskanische Bohnen-Kohl-Suppe

Als Alternative zur klassischen toskanischen Ribollita-Suppe wurde die zuppa alla frantoiana *ursprünglich im Herbst als herzhafte Mahlzeit für die Olivenbauern gekocht. Dieses rustikale Gericht mit seinen Hauptzutaten aus zwei Sorten Bohnen, Schwarzkohl aus Lucca und selbst gebackenem Brot serviert Elena Pardini im »Agriturismo Alle Camelie«.*

Ein Leben für die Liebe zur Suppe: In den Dörfern, die sich nahe Lucca über die Pisa-Berge ausbreiten, gehört die *zuppa alla frantoiana* zum Herzschlag des Lebens. Elena Pardinis Agriturismo gehört zum Dorf Pieve di Compito und die es umgebenden Berge bilden natürliche Terrassen für den Palmkohl und Milliarden wilder Kräuter. Sie machen das Gericht so einzigartig und verschmelzen mit der Landschaft von Lucca. In dichten Hecken findet man hier die zitronigen Blätter der Bergminze, die sich neben den kräftigen Stielen der Wegwarte, dem Borretsch und der Gänsedistel zur Sonne drängen, und im Frühling leuchten ganze Felder von Kamelien, der Blumen, die dem »Agriturismo Alle Camelie« seinen Namen gaben.

Diese toskanische Region mag am bekanntesten für ihre Blütenteppiche im Frühjahr und ihr im März stattfindendes Festival sein, das Besucher aus aller Welt anlockt; aber es sind die Festlichkeiten zur Olivenernte im Herbst, die dieses geliebte Gericht hervorgebracht haben. Die *zuppa alla frantoiana*, ein Beispiel für die sogenannte Arme-Leute-Küche, ist genauso durch weitervererbte Bauernfamilienrezepte und den persönlichen Stil des jeweiligen Kochs geprägt wie durch die wechselnden saisonalen, wild wachsenden Zutaten.

Elena hat dieses Rezept von ihrer Schwieger-Großmutter, die es ihrerseits von ihren Vorfahren übernahm. »Niemand weiß es genau, aber wahrscheinlich reicht die Tradition dieser Suppe bis zu den Römern oder Etruskern zurück«, sagt Elena, »eben bis zu der Zeit, in der hier begonnen wurde, Bohnen und Oliven anzubauen.« Die Suppe ist ein fester Bestandteil der Olivenernte und wurde traditionell gekocht, um den Arbeitern beim Vermahlen der Oliven neue Kraft und Energie zu geben. Dabei verbrauchte man auch altbackenes Brot und kochte selbstverständlich mit Oliven und getrockneten Bohnen der Sommerernten der Region: Rosso di Lucca und Cannellini.

Elenas Suppe gewann den ersten Preis bei der »*Disfida della zuppa*«, dem jährlich von der Slow-Food-Vereinigung veranstalteten Suppenwettbewerb. Dabei treten Köche aus der Provinz Lucca gegeneinander an, um bis zum heiß begehrten Finale zu kommen, das in den Olivenmühlen von Aquilea und Pieve di Compito abgehalten wird. »Drüben in Aquilea sind sie sehr neidisch auf unsere Suppe«, erzählt Elena über das Nachbardorf, in dem eine Variante mit vielen Kräutern gekocht wird. »Ihre ist sehr grün«, sagt sie und fügt mit einem Lächeln hinzu: »Unsere ist viel süßer.«

Köchin //
Elena Pardini
Ort //
»Agriturismo Alle Camelie«, Lucca

ZUPPA ALLA FRANTOIANA
Toskanische Bohnen-Kohl-Suppe

Für 10–12 Portionen
Zubereitungszeit: 4 Stunden plus Einweichzeit über Nacht

800 g getrocknete Bohnen (600 g rote Bohnen aus Lucca oder Borlotti-Bohnen und 200 g weiße Cannellini-Bohnen)
Salz
10 frische Salbeiblätter
6 Zweige frischer Rosmarin
6 Knoblauchzehen
½ Kopf Weißkohl
15 Blätter Palmkohl
2–3 mittelgroße Zucchini
2–3 große Karotten
1 rote Zwiebel
5–6 Frühlingszwiebeln
1 Stange Lauch
1 Knolle Fenchel
1 Kürbisscheibe (etwa 150 g)
8–10 Blätter Mangold
7–8 Blätter Borretsch
4–5 Handvoll frische Gänsedisteln
10 frische Löwenzahnblätter
1 Stängel frischer wilder Fenchel
je 6 Stängel frischer Majoran, Petersilie und Bergminze
100 g Speck
100 g Schinkenspeck
natives Olivenöl extra
frisch gemahlener schwarzer Pfeffer
1 große Prise getrockneter Oregano
200 g Tomatenmark
1 Zweig frischer Thymian
400 g selbst gebackenes altbackenes Brot
fein gehackte Frühlingszwiebeln zum Garnieren
Sellerriestangen, als »Suppenlöffel« zugeschnitten

1 Die Bohnen über Nacht einweichen. Dann abgießen und die Bohnen in einem großen Topf in viel frischem Wasser mit 2 großen Prisen grobem Salz, 5–6 Salbeiblättern, 2 Rosmarinzweigen und 2 Knoblauchzehen bei geringer Temperatur langsam gar kochen.

2 Alle Gemüse putzen und in mittelgroße Stücke schneiden – nicht würfeln. Die Kräuter waschen, trocken schütteln und grob hacken.

3 Speck und Schinkenspeck würfeln und mit restlichem Knoblauch, Salbei und Rosmarin sowie zwei Tassen Olivenöl in einer Pfanne bei geringer Temperatur anbraten, bis Speck und Schinkenspeck goldbraun sind.

4 Wenn die Bohnen gar sind, durch ein Sieb abgießen, dabei die entstandene Brühe auffangen und beiseitestellen. Bohnen mit einem Passiergerät (Flotte Lotte) oder einem Handmixer pürieren.

5 In einem anderen Topf die Gemüse mit ein paar Esslöffeln Olivenöl, 1 großen Prise Salz, Pfeffer und Oregano etwas anbraten, dann die beiseitegestellte Bohnenbrühe und die passierten Bohnen hinzufügen. Alles zum Kochen bringen. Das Tomatenpüree und das durch ein feines Sieb abgeseihte flüssige Fett von Speck und Schinkenspeck dazugeben, Speck und Schinkenspeck anderweitig verwenden. Thymianzweig hinzufügen und alles weich kochen. Mit Salz abschmecken.

6 Das Brot in dünne Scheiben schneiden, in eine große Suppenterrine schichten und die kochende Suppe darübergießen. Alles mindestens 40 Minuten weich werden lassen. Olivenöl darüberträufeln und mit fein gehackten Frühlingszwiebeln servieren. Daneben die zu »Suppenlöffeln« geschnittenen Sellerriestangen legen.

PANINO DI LAMPREDOTTO
Sandwich mit Kuhlabmagen

Sandwiches mit Innereien sind ein wichtiger Teil der florentinischen Esskultur sowie ein rustikales und schnell zu beschaffendes Gegenstück zum Essen in den kultivierten Trattorien und feinen Restaurants für die Touristen. Probieren Sie ein panino di lampredotto *und dazu ein Glas Wein am Imbisswagen »Trippaio di San Frediano« – dieses Ritual lieben alle Bewohner von Florenz, vom italienischen Premierminister bis zu Einwohnern, die mit ihrem Date dorthin gehen.*

Koch //
Simone Balleggi
Ort //
Imbiss »Trippaio di San Frediano«,
Florenz

Man kann es mit nur ein bisschen Salz und Pfeffer essen und den Säften, in denen es gekocht wurde. »Oder ich serviere es scharf und auch mit einer grünen Sauce, wenn man das möchte«, sagt Simone Balleggi, Eigentümer des »Trippaio di San Frediano«. einem der berühmtesten *banchini dei trippai* (Straßenstände von Kuttelverkäufern), die die Straßen von Florenz säumen. Simones Stand auf der Piazza dei Nerli im Stadtteil San Frediano ist nur einen Steinwurf vom Arno und vom Boboli-Garten entfernt, aber man sieht nicht viele Touristen, die dieses von den Florentinern geliebte toskanische Gericht mit dem Fleisch eines Kuhmagens bestellen.

»In Florenz hat man schon lange vor den Medici Kutteln und Innereien gegessen«, erzählt Simone, »aber Stände wie meinen gab es erst nach dem Zweiten Weltkrieg. Sie entstanden an den Rändern der Städte und waren vor allem für die Arbeiter von Florenz. Unsere Familie verkauft seit 35 Jahren Gerichte mit Innereien, die beliebtesten sind *trippa alla fiorentina* und *panino di lampredotto*.«

Das herzhafte *panino di lampredotto* ist die perfekte Grundlage am Beginn oder Ende eines Arbeitstages oder auch vor dem abendlichen Ausgehen. Jeder Verkäufer hat sein Rezept, sogar für das Dressing aus grüner Sauce, aber immer wird dazu ein Glas Wein getrunken. Italiens ehemaliger Premierminister Matteo Renzi verteidigte das Recht der *trippaio*, Alkohol zu verkaufen, als ein Gesetz zum Verbot des Trinkens von Alkohol auf der Straße dieser Florentiner Tradition ein Ende zu setzen drohte.

»Es gibt kein Problem damit, dass die Leute hier Alkohol trinken«, sagt Simone mit einem Seufzer, »sie kommen nicht wegen des Weins her. Wein und *lampredotto* passen einfach perfekt zusammen. Man kann zu *lampredotto* kaum eine Cola trinken.« Ein *trippaio* verströmt zwar nicht gerade Caféhaus-Kultur, aber das hindert die Einheimischen nicht daran, immer wieder hierher zu kommen – wegen des Essens, wegen der letzten Fußballergebnisse und manche sogar mit einem Date. »Ich komme hierher, seit ich ein kleiner Junge war«, erzählt Marco Fallani, Einwohner von Florenz, »mein Großvater hat mich immer ein bisschen von seinem Sandwich kosten und einen kleinen Schluck Wein trinken lassen. Jetzt gehe ich mit meinen Dates hierher. Und wenn sie es nicht mögen, nun, das wäre für mich ein Problem.«

PANINO DI LAMPREDOTTO
Sandwich mit Kuhlabmagen

Für 6 Portionen
Zubereitungszeit: 2 Stunden

4 Tomaten
400 g Stangensellerie, geputzt
4 rote Zwiebeln
150 g frische Petersilie
Salz
2 kg lampredotto (Kuhlabmagen)
6 große weiße Brötchen
frisch gemahlener schwarzer Pfeffer

Für die grüne Sauce

15 g Sardellen
2–3 Knoblauchzehen
20 g Kapern
300 g frische Petersilie
etwas natives Olivenöl extra (genug, um eine Paste zuzubereiten)
etwas Zitronensaft (genug, um eine Paste zuzubereiten)
Salz

1 Einen Suppentopf mit 5 l Wasser füllen, Tomaten, Sellerie, Zwiebeln und Petersilie grob hacken und mit in den Topf geben. 30 Minuten kochen, Salz hinzufügen, dann den *lampredotto* dazugeben und bei geringer Temperatur 1 Stunde köcheln lassen. Herausnehmen und in Streifen schneiden.

2 Für die grüne Sauce Sardellen, Knoblauch, Kapern und Petersilie zusammen mit einem Messer oder in der Küchenmaschine sehr fein hacken, dann zu gleichen Teilen Olivenöl und Zitronensaft dazugeben, bis das Ganze eine pastenähnliche Konsistenz hat. Nach Geschmack salzen.

3 Zum Servieren die Brötchen aufschneiden und mit Streifen vom *lampredotto* füllen. Man kann das Brötcheninnere vorher mit dem Fleischsaft anfeuchten. Nach Geschmack salzen und pfeffern, grüne Sauce dazugeben und servieren.

ZUPPA DI LENTICCHIE
Linsensuppe

Linsen, das »Fleisch des armen Mannes«, sind ein uraltes Grundnahrungsmittel, das es schon zu biblischen Zeiten und weit davor gab. Die Linsen, die auf der Hochebene von Castelluccio di Norcia in einer Höhe von 1.400 Metern angebaut werden, gelten als die besten Linsen Italiens.

Die Monti Sibillini an der Grenze Umbriens zur Region Marken weisen klimatische Bedingungen und eine Bodenqualität auf, die zusammen perfekte Bedingungen für die mit einem IGP-Siegel ausgezeichneten Castelluccio-Linsen bilden. Diese Linsenart hat eine dünne, weiche Schale und ist sehr zart, sodass man sie ohne vorheriges Einweichen kochen kann. Die sehr kleinen Linsen können grünlich-braun, gelb, hell- und dunkelbraun und sogar grünbraun gesprenkelt sein. Die Form dieser Hülsenfrucht erinnert an kleine Geldmünzen. Aus diesem Grund ist es in Italien seit den Zeiten der Römer Brauch, zu Neujahr Linsen zu essen, um damit für Wohlstand im kommenden Jahr zu sorgen.

Da die Castelluccio-Linsen in sehr großer Höhe wachsen, sind sie ziemlich resistent gegen Kälte und Hitze und auch Schädlinge, sodass das Einsprühen mit Insektiziden sich erübrigt; sie sind also von Natur aus bio. Dazu enthalten sie noch viele Nährstoffe – darunter die Vitamine B und C, Eisen und Protein – und sie sind fettarm, was sie quasi zum ältesten Superfood macht.

Diese Linsensuppe – eine klassische Art, die schnell kochenden Linsen zuzubereiten – ist ein Standardgericht im Agriturismo Biologico »Palazzi Rufini«, von dem aus man einen herrlichen Blick auf den Piano Grande hat, wo die Castelluccio-Linsen wachsen. Der Agriturismo Biologico »Palazzi Rufini« ist seit Generationen in Familienbesitz und schon immer wurden dort herzhafte, gesunde Gerichte serviert. Zurzeit wird der Agriturismo Biologico von Enrico Rufini und seiner Ehefrau Gina geführt, deren Kochphilosophie es ist, nur biologisch angebaute Lebensmittel zu servieren. Hier ist eine No-Go-Zone für Gerichte der Nouvelle Cuisine, stattdessen findet sich hier ein Ort, an dem die Gerichte guten Gesprächen und guter Gesellschaft zuträglich sind. Man verlässt den Tisch mit einem zufriedenen und gesättigten Gefühl, ohne sich zu voll zu fühlen.

Das zum Agriturismo gehörende Restaurant »La Cucinaccia« bietet regionale und traditionelle Küche an und berücksichtigt gern, wenn Gäste sich auf besondere Art ernähren – wenn sie zum Beispiel Diabetiker oder Vegetarier sind oder zu hohe Cholesterinwerte haben. Diese Linsensuppe wäre zum Beispiel für alle drei geeignet. Aber das heißt nicht, dass man sie auf Wunsch nicht auch anders serviert bekommen könnte. Enrico bietet eine Variante mit Schinkenspeck und einem Schinkenknochen darin an, was der Suppe mit den zarten kleinen Linsen einen intensiven Umami-Kick verleiht.

Koch //
Enrico Rufini
Ort //
Agriturismo Biologico »Palazzi Rufini«, Corciano

ZUPPA DI LENTICCHIE
Linsensuppe

Für 6 Portionen
Zubereitungszeit: 1 Stunde 15 Minuten

1 große rote Zwiebel, gehackt
2 Karotten, geschält und gehackt
1 Stange Sellerie, geputzt und gehackt
3 Knoblauchzehen, jeweils 1 gehackt, halbiert und ganz
1 Prise rote Chiliflocken
natives Olivenöl extra
500 g Castelluccio-Linsen
1 Zweig frischer Rosmarin
2–3 frische Lorbeerblätter
4–5 frische Tomaten (alternativ geschälte Tomaten aus der Dose), geschält und gehackt
Salz
frisch gemahlener schwarzer Pfeffer
4 Scheiben Ciabatta oder Sauerteigbrot zum Servieren

1 Zwiebeln, Karotten, Sellerie, gehackte Knoblauchzehe und die Prise Chiliflocken sanft in etwas heißem Olivenöl glasig anschwitzen.

2 Die Linsen hinzufügen und bei geringer Temperatur mit dem Gemüse verrühren. Den ganzen Rosmarinzweig, die Lorbeerblätter und die Tomaten dazugeben, mit Salz und Pfeffer abschmecken und umrühren.

3 Etwa 1 l kaltes Wasser auffüllen. Zum Kochen bringen, dann die Temperatur reduzieren, bis die Suppe sanft köchelt.

4 Den Topf abdecken und die Suppe 45 Minuten köcheln lassen. Am Ende dieser Zeit sollte das Ganze eine dicke, stückige Suppe geworden sein. Falls die Suppe zu dick ist, mehr Wasser hinzufügen.

5 Sehr heiß mit Ciabatta oder Sauerteigbrot servieren, das Brot getoastet, mit einer aufgeschnittenen Knoblauchzehe eingerieben und etwas sehr gutem Olivenöl beträufelt.

Serviervarianten

Dieses Linsengericht kann man entweder als Suppe oder als Beilage zu Fleisch servieren, zum Beispiel zu Schweinefleisch- oder Wildschweinwürsten oder zu Schweinefuß. Wenn das Gericht als Beilage gereicht wird, nach dem Rezept zubereiten, aber die Linsenmischung zu einem dickeren Brei kochen.

Erweiterte Version

Am Anfang des Rezepts mit den Zwiebeln, den Karotten und dem Sellerie 100 g frischen, in Stücke geschnittenen Schinkenspeck, einen Schinkenknochen und ein paar Parmesanrinden hinzufügen.

FRANCESINA
Toskanischer Rindfleischsalat

Koch //
Vito Mollica
Ort //
Restaurant »Il Palagio«,
Florenz

Küchenchef Vito Mollica serviert diesen edlen Rindfleischsalat im »Il Palagio«, einem Restaurant im Erdgeschoss des Palazzo della Gherardesca in Florenz. Einst der Stalltrakt des Pallazos, sind die Räume inzwischen zu dem mit einem Michelin-Stern gekrönten Essraum des Hotels »Four Seasons« geworden.

Essen weckt viele Assoziationen, seine Farben inspirieren Künstler und sein Duft kann Träumereien wie bei Proust auslösen, doch sarkastische Attribute werden wohl nur selten mit ihm verbunden. Aber wenn dieser kleine Rindfleischsalat Gefühle ausdrücken könnte, wäre es wohl ein ironisches Lächeln. »Ich mag dieses Gericht auch wegen des Sinns für Humor, der in seiner Geschichte steckt«, sagt Küchenchef Vito Mollica, »sein Name illustriert wunderbar unsere Liebe zum Sarkasmus hier in der Toskana.«

Francesina bedeutet «kleines französisches Mädchen». Ein merkwürdiger Name für einen Rindfleischsalat, aber dieses Gericht bekam seinen Namen in Italien zu einer Zeit, als es die Medicis und ihr Gefolge nach Frankreich zog, denn die Launen der Mode orientierten sich damals an einer gallischen Melodie. Die Antwort des etwas verlassenen Heimatlandes der Medici in der Toskana? Man gab einem Salat aus gekochten, wieder aufbereiteten Fleischresten einen hübschen französischen Namen.

Aber natürlich ist dieses Gericht der *cucina povera*, das heute von Küchenchef Mollica im feinen »Four Seasons« in Florenz serviert wird, alles andere als eine Nebensächlichkeit. Zunächst einmal wird es mit allerbestem Calvanina-Rindfleisch zubereitet. »Das Calvanina-Rind ähnelt dem berühmten toskanischen Chianina-Rind«, sagt Mollica, »beide waren ursprünglich Arbeitstiere zum Pflügen und werden in benachbarten Gegenden gehalten, aber der Geschmack des Calvanina-Rinds ist vielleicht etwas zarter.«

Für Mollica ist es ein Herzensanliegen, die Bauern zu unterstützen, die diese weniger bekannte Rasse züchten, genau wie es ihm wichtig ist, weniger begehrte Fleischstücke zu verwenden. Für dieses Rezept nimmt er nicht die allerbesten Stücke, sondern Muskelfleisch der Schulter oder noch lieber Rinderhaxe. »Um den Erhalt dieser Rasse zu unterstützen und um den Bauern zu helfen, muss ich verschiedene Fleischstücke kaufen«, erklärt Mollica. So unterstützt dieses Gericht heute nachhaltige, regionale Produkte.

Ein Garten der Gemeinde liefert viele der verwendeten Gemüse. »Hier arbeiten alle ehrenamtlich«, erzählt Mollica, »zum Beispiel Studenten und Kinder aus einem Zentrum für Menschen mit Behinderungen. Wir helfen dem Zentrum finanziell, liefern ihm unseren organischen Abfall und kaufen dort Knoblauch, Salate und Kräuter. Große Hotels können ihre Ware nicht immer nur von Einzelhändlern kaufen, die Zusammenarbeit mit Kollektiven kleiner Produzenten ist die Antwort.«

FRANCESINA
Toskanischer Rindfleischsalat

Für 4 Portionen
Zubereitungszeit: 3 Stunden

1 Stange Sellerie, geschält
1 Karotte, geschält
2 rote Zwiebeln, eine in schmale Streifen geschnitten
Salz
500 g magerer Teil von Calvanina-Rinderschulter oder -haxe
1 kg rote Zwiebeln, in Julienne geschnitten
2 Knoblauchzehen, abgezogen
200 g Passata (siehe Seite 265)
frisch gemahlener schwarzer Pfeffer
30 ml Haselnussöl
30 ml Rotweinessig
30 ml natives Olivenöl extra
30 g Rinderjus
20 g Frisée-Salat aus dem Herzen
20 g Brunnenkresse

1 2 l Wasser mit dem Sellerie, der Karotte, der ganzen roten Zwiebel und etwas Salz aufkochen. Das Fleisch hinzufügen und etwa 2 Stunden bei geringer Temperatur köcheln lassen. Im Wasser abkühlen lassen.

2 Die Zwiebeljulienne in einem anderen Topf gerade mit Wasser bedeckt aufkochen. Wenn das Wasser kocht, die Temperatur auf niedrige Stufe reduzieren und die Zwiebeln sehr langsam kochen, bis sie weich sind und das Wasser verdampft ist. Die ganzen Knoblauchzehen und die Passata hinzufügen.

3 Das noch warme Fleisch in Streifen schneiden und zur Zwiebel-Tomaten-Mischung geben. Salzen und pfeffern, alles etwa 30 Minuten köcheln lassen. Die Knoblauchzehen sind dann weich; sie werden vor dem Servieren entfernt.

4 Haselnussöl, Essig, Olivenöl und Jus vermischen und den Servierteller damit saucieren. Den Rindfleischsalat darauf anrichten.

5 Salat mit Brunnenkresse und den Zwiebelstreifen vermischen und zur Dekoration verwenden.

CAPPELLACCI RIPIENI DI PATATE

Cappellacci mit Kartoffelfüllung und Rindfleischsauce

Die Bezeichnung *cappellacci* für diese Pasta bezieht sich auf deren Form – *cappello* ist das italienische Wort für »Hut«. Das Gericht ist eine ausgefeilte Kreation des jungen Küchenchefs Andrea Laurenzi, der dafür die besten traditionellen Zutaten Umbriens verarbeitet. Und für etwas so Erlesenes gibt es schon einiges zu tun.

Auf dem 800 Morgen großen Anwesen des »Castello di Petroia« erstrecken sich unberührte Wälder und Weideflächen, auf denen Herden der reinrassigen Rindersorte Chianina grasen. Diese uralte Rasse, die in der Gegend zwischen dem Val di Chiana bis westlich von Perugia gehalten wird, ist berühmt als Lieferant für das riesige *bistecca alla fiorentina*, das in Florenz bei den Touristen sehr beliebt ist. Aber bei den für dieses Gericht verwendeten Fleischstücken geht es genauso um Qualität wie um Quantität; zarte Kalbshaxe wird lange bei geringer Temperatur gekocht, bis das Fleisch vom Knochen fällt und zur Sauce gegeben wird.

Vielleicht gibt es keinen besseren Ort, um dieses wunderbare Fleisch einer uralten Rinderrasse zu essen, als den »Sala Accomandugi« des Castellos, ein Essraum mit steinernen Wänden und Holzbalkendecke, den es schon seit 1492 gibt. Das Castello wurde in einer Epoche gebaut, in der freie Stadtstaaten wie die umgebende Gemeinde Gubbio burgähnliche Schlösser zu ihrer Verteidigung errichteten. In der Folgezeit war das »Castello di Petroia« Wohnsitz mehrerer Adelsfamilien. Die namhafteste unter ihnen war wohl die des Federico da Montefeltro, der später Herzog von Urbino wurde und eine bedeutende Figur in der italienischen Renaissance war. Wenn Sie also ein königliches Gericht zubereiten wollen, sind diese kleinen Pasta-Hütchen genau das Richtige: voll von Geist und Geschmack des umbrischen Berglands.

Diese hübschen kleinen Pasta-Hütchen sind gefüllt und dressiert mit einigen der feinsten Zutaten Umbriens, zum Beispiel liegen sie auf einer Sauce mit Fleisch von Chianina-Rindern, die zu den ältesten Rinderrassen der Welt gehören. Küchenchef Andrea Laurenzi serviert dieses Gericht im »Castello di Petroia«, einer mittelalterlichen Burg mit einem weiten Blick über das Chiascio-Tal. Für diese Landschaft begeisterten sich Künstler wie Pietro Perugino und Piero della Francesca.

Koch //
Andrea Laurenzi
Ort //
Restaurant »Castello di Petroia«, Gubbio

CAPPELLACCI RIPIENI DI PATATE

Cappellacci mit Kartoffelfüllung und Rindfleischsauce

Für 6 Portionen
Zubereitungszeit: 1 Stunde 30 Minuten plus Zeit für Herstellung der Pasta

Für die Sauce
1 kleine Zwiebel, sehr fein gehackt
1 Karotte, geschält und sehr klein geschnitten
1 Stange Sellerie, geschält und sehr klein geschnitten
natives Olivenöl extra
400 g Kalbshaxe (idealerweise vom Chianina-Rind)
Salz
frisch gemahlener schwarzer Pfeffer
125 ml trockener Rotwein (Sagrantino di Montefalco; alternativ Chianti oder Rosso di Montalcino)
1 frisches Lorbeerblatt
1 l Gemüsebrühe
200 g frische Tomaten (oder gehackte Tomaten aus der Dose), geschält und gehackt
Abrieb von 1 unbehandelten Zitrone

Für die Cappellacci
1 ½ Portionen Eierpasta (siehe Seite 264) mit 1 Prise Safranfäden, in 4 EL kochendem Wasser aufgelöst

Für die Füllung
4 kleine festkochende Kartoffeln, mit Schale gekocht
1 Knoblauchzehe, fein gehackt
1 Zweig frischer Rosmarin, Nadeln abgezupft und sehr fein gehackt
extra natives Olivenöl extra
1 Prise Safranfäden, in 4 EL kochendem Wasser aufgelöst
30 g Parmesan, gerieben
Salz
frisch gemahlener schwarzer Pfeffer

1 Für die Sauce in einem Bräter Zwiebel, Karotte und Sellerie in heißem Olivenöl anschwitzen, bis sie leicht gebräunt sind. Die Kalbshaxe dazugeben und auf allen Seiten anbräunen.

2 Die Kalbshaxe mit Salz und Pfeffer bestreuen und mit dem Rotwein ablöschen. Ein paar Minuten köcheln lassen, Lorbeerblatt und Gemüsebrühe hinzufügen. Alles zum Kochen bringen.

3 Den Topf abdecken und die Haxe bei geringer Temperatur 2 Stunden köcheln lassen, nach 1 Stunde die Tomaten hinzufügen.

4 Nach 2 Stunden die Haxe aus dem Topf nehmen und das Fleisch ablösen, etwas zerkleinern und zurück in die Sauce geben. Den Knochen entsorgen. Den Zitronenabrieb in die Sauce rühren.

5 Für die Füllung die gekochten Kartoffeln zu einer glatten Masse stampfen.

6 In einer antihaftbeschichteten Pfanne Knoblauch und Rosmarin in heißem Olivenöl behutsam kurz anschwitzen, bis sie leicht Farbe annehmen, dann die eingeweichten Safranfäden und die Kartoffelmasse hinzufügen.

7 Bei geringer Temperatur 3 Minuten köcheln lassen. Etwas abkühlen lassen, den Parmesan einrühren und mit Salz und Pfeffer abschmecken.

8 Für die Cappellacci den Nudelteig per Hand oder mit einer Nudelmaschine 2 mm dünn ausrollen, dann in Quadrate schneiden.

9 In die Mitte jedes Quadrats 1 gehäuften Teelöffel der Füllung setzen, dann den Teig in der Mitte diagonal falten, sodass ein Dreieck entsteht.

10 Nun die zwei Ecken auf der Spitze der gegenüberliegenden Seite zusammenbringen, sodass eine Hutform entsteht. Die Ecken vorsichtig zusammendrücken, damit sie nicht wieder auseinandergehen.

11 Die Cappellacci in kochendem Salzwasser ein paar Minuten al dente kochen und mit der Sauce servieren.

IL CACCIUCCO ALLA LIVORNESE
Livorneser Fischeintopf

Die Wurzeln dieses Gerichts reichen zurück bis in die Renaissance und seine Zutaten – hauptsächlich Fische und Meeresfrüchte – kommen aus den Tiefen des Mittelmeeres. Ursprünglich war das ein Gericht für die Fischer, die die Gewässer vor der toskanischen Küste befuhren. Einst eine bescheidene Mahlzeit, die aus den Fängen bestand, die die Fischer nicht verkaufen konnten, ist Cacciucco mit seinen vielen Fisch- und Meeresfrüchtezutaten heute ein überaus beliebter Eintopf an Italiens Küsten.

Koch //
Michelangelo Rongo
Ort //
Restaurant »Aragosta«, Livorno

Würde man versuchen, ein einzig gültiges Rezept für dieses Gericht niederzuschreiben, wäre das wie das Fangenwollen eines Fisches mit bloßen Händen. Denn seine Zubereitung ist abhängig von der Jahreszeit, von dem, was den Fischern ins Netz geht, vom Koch und vom Lieferanten. Manche meinen, dass der Eintopf mindestens fünf Fisch- oder Meeresfrüchtearten enthalten sollte, eine für jedes »c« in seinem Namen. »Aber je mehr man hineintut, desto besser ist es«, findet Michelangelo Rongo vom Restaurant »Aragosto« in der eleganten toskanischen Hafenstadt Livorno, »traditionell war das ein Gericht aus Resten. Es hängt also ganz davon ab, was man da hat – was die Fischer gerade heimbringen, daraus macht man dann den Eintopf.«

Das Gericht mag seit Jahrhunderten den Hunger der Fischer gestillt haben, aber außer dem gewandelten Fischfang hat sich in all den Jahren an der Zubereitung nicht viel verändert. »Das Rezept ist eigentlich immer gleich«, sagt Michelangelo, »mal etwas mehr Tomaten oder vielleicht mehr Gewürze, aber im Grunde ist *cacciucco* eben *cacciucco*.« Besonders mit der charakteristischen, weichen Aussprache des »c« in der Toskana klingt der Name dieses Gerichts exotisch. Und tatsächlich soll es wohl aus dem Orient stammen und vom türkischen *kuciuk* abgeleitet sein, das »dies und das« oder »alles Mögliche« bedeutet. Und natürlich gibt es zahlreiche mit dem Meer zusammenhängende Geschichten über seinen Ursprung. Eine erzählt von einem Fischer, der auf See sein Leben verlor. Seine hungernden Kinder baten ihre Nachbarn um etwas zu essen und aus den Abfällen, die sie bekamen, machte ihre Mutter einen Fischeintopf. Der erste *cacciucco* war geboren.

Wahr oder nicht: Die Zubereitung ist aufwendig. »Es ist nicht schwierig, aber es dauert lange«, sagt Michelangelo, »man braucht Geduld, um den Fisch vorzubereiten. Es kostet Zeit – zwei oder drei Stunden und dann noch einmal eine Stunde für das Kochen. Alles muss frisch sein und man kann nichts im Voraus machen.« Michelangelo bereitet auch nach 20 Jahren Arbeit als Koch in Livorno dieses Gericht immer noch am liebsten zu. Es mag einmal ein Essen armer Leute gewesen sein, heute ist es bei Italienern und Touristen in Livorno gleichermaßen beliebt. »Livorno ist eine Stadt des Meeres, seit ihrer Gründung dreht sich hier alles um den Fischfang. Das ›Aragosta‹ gibt es seit 1914 – es ist eines der ältesten Fischrestaurants der Stadt. Und seitdem kommen die Leute hierher, um *cacciucco* essen.«

IL CACCIUCCO ALLA LIVORNESE
Livorneser Fischeintopf

Für 6 Portionen
Zubereitungszeit: 1 Stunde 30 Minuten

Fischstücke für die Suppe

2 Zwiebeln, grob zerkleinert
1 Karotte, geschält und klein geschnitten
1 Stange Sellerie, geschält und klein geschnitten
1 frisches Lorbeerblatt
1 Handvoll frische Petersilienstängel
8 Pfefferkörner
etwas trockener Weißwein
1 große Prise rote Chiliflocken
natives Olivenöl extra
500 g Oktopus, gesäubert und in 4 cm große Stücke geschnitten
500 g Sepia (oder, falls nicht erhältlich, Kalamari), gesäubert und in 4 cm große Stücke geschnitten
4 frische Salbeiblätter
12–16 Scheiben Ciabatta
1 Knoblauchzehe, halbiert
4 EL Tomatenmark
400 g Dornhai- oder Seeteufelfilet, in große Stücke geschnitten
6 große rohe Riesengarnelen
Salz
frisch gemahlener schwarzer Pfeffer

Fisch für die Brühe

500 g ganzer Fisch (zum Beispiel Drachenkopf, Seebrasse, Heringskönig, Red Snapper oder Rotbarbe), ausgenommen und entgrätet
einige Weißfischgräten (beim Fischhändler nachfragen)

> ### Tipp
> *Bitten Sie Ihren Fischhändler, den Fisch für Sie so weit wie möglich vorzubereiten, und fragen Sie nach Fischgräten von Weißfisch für die Brühe.*

1 Für die Suppe 1 gehackte Zwiebel sowie die Karotten- und Selleriestücke in einen Suppentopf mit fest schließendem Deckel geben. Die Fische und die Gräten für die Brühe, das Lorbeerblatt, die Petersilienstängel und die Pfefferkörner hinzufügen und alles mit Wasser und Wein (im Verhältnis zwei Drittel Wasser zu einem Drittel Wein) bedecken. Zum Kochen bringen, dann die Temperatur sofort reduzieren, sodass die Brühe nur noch köchelt. Den Topf abdecken und das Ganze 20 Minuten köcheln lassen. Den Backofen auf 160 °C Ober-/Unterhitze vorheizen.

2 In einem anderen Topf die restliche Zwiebel mit den Chiliflocken sanft in heißem Olivenöl anschwitzen. Die Oktopusstücke und dann die Sepia-/Kalamaristücke dazugeben. Die Salbeiblätter hinzufügen. Sehr vorsichtig umrühren, den Deckel aufsetzen und die Temperatur ausschalten.

3 Die Ciabattascheiben auf ein Backblech legen, mit Olivenöl beträufeln und mit der Knoblauchzehe einreiben. Auf der mittleren Schiene des Backofens 20 Minuten backen, bis die Scheiben etwas kross und ziemlich trocken sind.

4 Die Fischbrühe durch ein feines Sieb abseihen, über die Fischmischung in dem anderen Topf gießen und das Tomatenpüree hinzufügen. Die Dornhai-/Seeteufelstücke und die ganzen Riesengarnelen dazugeben. Die Suppe 7–8 Minuten bei sehr geringer Temperatur sanft köcheln lassen. Mit Salz und Pfeffer abschmecken.

5 Jeden Suppenteller oder jede Suppenschüssel mit Brotscheiben belegen, dann verschiedene Fischstücke. Darüber mit der Kelle etwas Suppe füllen und zum Schluss noch jede Portion mit Olivenöl beträufeln.

CODA ALLA VACCINARA
Ochsenschwanz-Schmortopf

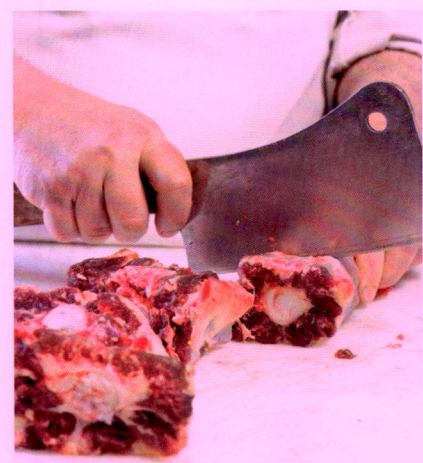

Dieses römische Gericht ist einer der Eckpfeiler der *quinto-quarto*-Küche, dem italienischen Äquivalent zum neuen Trend, alle Teile eines Tieres von der Schnauze bis zum Schwanz zu essen. Geboren wurde das Rezept einst aus Notwendigkeit und gegessen ursprünglich von den Familien der Schlachthausarbeiter, den ärmsten Arbeitern im Testaccio, dem Schlachthofbezirk im Rom des 19. Jahrhunderts.

Heute würde es jeder von Päpsten bis zu Präsidenten essen, aber einst war *coda alla vaccinara* ein Gericht nur für Roms ärmste Schlachthausarbeiter. Die besseren Stücke der Rinder waren für die höheren Gesellschaftsschichten: Das erste und beste Viertel der Fleischteile bekam die Aristokratie, das zweite die Kirche, das dritte die Bourgeoisie und das vierte die Soldaten. Das *quinto quarto* (wörtlich das »fünfte Viertel«) ging an die Arbeiter im Schlachthaus, deren Frauen daraus eine Küche entwickelten, die heute ein Synonym für römisches Essen ist.

Dieser reichhaltige Eintopf ist der kulinarische Beweis, dass Not erfinderisch macht. Und das Restaurant »Checchino« kann für sich beanspruchen, zu den Erneuerern dieser Küche zu gehören. Es befindet sich gegenüber von Roms ehemaligem Schlachthaus und ist seit seiner Eröffnung im Jahr 1870 im Besitz derselben Familie. »Ursprünglich hatten wir nicht die Lizenz zum Verkauf von gekochtem Essen, wir durften nur Käse und Wein verkaufen«, erzählt Francesco Mariani, der das Restaurant mit seinem Bruder Elio führt, »aber die Arbeiter im neu erbauten Schlachthof brachten ihren ›Lohn‹ hierher, damit er im ›Sora Ferminia‹, wie das Restaurant früher hieß, gekocht wurde, und so entstand das Restaurant.«

Signora oder »Sora« Ferminia, die das Restaurant vor fünf Generationen gründete, wird sogar in einem kulinarischen Führer der damaligen Zeit als diejenige erwähnt, die den besten Eintopf in der Gegend kocht. Dieses Schriftstück und andere vergilbte Dokumente sowie zahlreiche gastronomische Auszeichnungen schmücken die Wände des einfachen Restaurants mit roten Fliesen und Holzpaneelen.

Im heutigen schnelllebigen Rom wird dieses Gericht wegen seiner langen Garzeit zu Hause kaum noch zubereitet. »Es besteht die Gefahr, dass es vergessen wird«, sagt Francesco, »aber in unserem Restaurant ist es noch immer beliebt, neben anderen *quinto-quarto*-Gerichten wie zum Beispiel *padelotta alla mascelirai* – die »große Fleischerpfanne« –, eine Mischung aus Darm, süßem Brot, Leber und Niere, mit Essig, Knoblauch und Rosmarin gebraten. Als die Arbeiter früher ihren Arbeitstag um fünf Uhr begannen, wollten sie um zehn Uhr etwas Solides essen, also hat jeder ein Stück zu dem Gericht dazugegeben.«

Das Schlachthaus schloss 1976 und dient heute eher als Raum für Kunst und Kultur: Das Museum für zeitgenössische Kunst »MACRO« hat hier eine Außenstelle, ebenso Roms renommierte Architekturuniversität »Roma Tre«. Wie auch das New Yorker Schlachthofviertel ist das ehemals bettelarme Testaccio zu einem trendigen Stadtteil mit Streetfood-Verkaufsständen wie dem »Mordi e Vai« (»Beiß und geh!«) geworden. Es entstand eine Art Innereien-Renaissance mit *quinto-quarto*-Snacks für betuchte Hipster.

Koch //
Elio Mariani
Ort //
Restaurant »Checchino«, Rom

CODA ALLA VACCINARA
Ochsenschwanz-Schmortopf

Für 4 Portionen
Zubereitungszeit: 5 Stunden

2 EL natives Olivenöl extra
1 ½ kg Ochsenschwanz, an jedem Wirbel durchgehackt
1 Stange Sellerie, geschält und in 2,5 cm lange Stücke geschnitten
1 große Zwiebel, abgezogen und fast wie Püree sehr fein zerkleinert
4 getrocknete Gewürznelken
Salz
125 ml trockener Weißwein
500 g Passata (siehe Seite 265)
30 g Pinienkerne
30 g Rosinen
20 g dunkle Schokolade, fein gerieben

1 Das Olivenöl in einer Bratpfanne bei hoher Temperatur erhitzen. Wenn es ganz heiß ist, Ochsenschwanz, Sellerie, Zwiebeln und Gewürznelken mit ein paar Prisen Salz in dem Öl anbraten, bis sie gebräunt sind. Dabei häufig umrühren. Mit dem Wein ablöschen und auf mittlere Temperatur reduzieren.

2 Wenn der Wein verdampft ist, Passata, Pinienkerne und Rosinen hinzugeben. Pfanne abdecken und die Temperatur auf niedrige Stufe reduzieren. 3–4 Stunden köcheln lassen, dabei häufig umrühren und zum Ende nach Bedarf würzen. Das Fleisch ist gar, wenn es beginnt, sich vom Knochen zu lösen.

3 Den Herd ausschalten, die Schokolade in das Gericht einrühren und servieren.

Das passt dazu

Servieren Sie dieses Gericht mit einer Beilage von mit Knoblauch und frischer Chilischote gebratenem Endiviensalat. Zu coda alla vaccinara *trinkt man traditionell ein Glas Weißwein Marino DOP (Castelli Romani) oder tanninreichen Rotwein, zum Beispiel den regionalen Cesanese del Piglio.*

Schokolade

Dunkle Schokolade verwendet man, um eine Reihe von Kalb- und Wildschweingerichten aus Rom und den an der Grenze von Lazio zur Toskana liegenden Gegenden anzudicken und ihren Geschmack zu intensivieren.

PAPPARDELLE AL RAGÙ DI CINGHIALE E FUNGHI PORCINI
Pappardelle mit Wildschwein-Steinpilz-Sauce

Diese klassische toskanische Pasta ist voller Herbstaromen. Man kann sie auch mit den schmaleren Tagliatelle zubereiten, aber die breiten Bänder der Pappardelle sind besser geeignet, um die reichhaltige Wildschwein-Steinpilz-Sauce aufzunehmen, die dieses herzhafte Gericht zu einem üppigen Genuss macht.

Wie bei vielen italienischen *mammas* fangen Ginas Hände an zu sprechen, wenn sie ein Rezept beschreibt. Antworten auf Fragen wie »Wie viel?« werden in Gesten von Prisen und vollen Händen ausgedrückt. Und wenn man fragt »Wie lange?«, bekommt man eher Beschreibungen von Farbe und Konsistenz als Kochzeiten. Man weiß eben einfach, wann es so weit ist, nämlich wenn das Fleisch und die Pilze die richtige Bräune haben, der Wein verdunstet und die Pasta al dente gekocht ist.

Dieses Gericht ist zu 100 Prozent regional, die Wildschweine werden in den umliegenden Wäldern des Chianti gejagt, in denen jahrhundertealte Kastanien, Eichen und Tannen wachsen. Regionale Lieferanten bringen die Pilze, an denen noch herb duftende Erde hängt. Die Kräuter für das Gericht können in dem kleinen Gemüsegarten der Bottega gesammelt werden, aber da die »Bottega di Volpaia« sehr viele Gäste bewirtet, kommen einige Kräuter auch von Händlern aus der Umgebung. Sie werden in dicken, duftenden Bündeln gebracht, die den Familienhund, einen großen schwarzen Labrador namens »Ombra« (»Schatten«), von der Nasenspitze bis zum Schwanz zum Zucken bringen.

Die Pasta ist natürlich *fatta in casa*, also von Gina, ihrer Tochter Carla oder ihrem Kochteam mit der Hand hergestellt. »Wie man den Teig ausrollt?«, wiederholt Carla meine Frage, »das zu erklären, würde zu lange dauern. Kaufen Sie eine Pasta-Maschine! Man braucht eine Menge Kraft im Oberkörper und Generationen an Know-how, um eine Pasta-Kugel auf die Größe und Stärke einer Tischdecke auszurollen.«

Die toskanische Küche stützt sich traditionell auf das, was im Gemüsegarten, in den Hecken und Wiesen oder im Wald wächst, und auch heute noch ändert sich das Essen mit den Jahreszeiten. Weizen wuchs in dieser Region kaum und Fleisch von der Jagd oder vom Bauernhof gab es nur ab und zu, deshalb ist diese Kombination aus Pasta, Wildschwein und saisonalen Steinpilzen ein besonderer Genuss.

Köchinnen //
Gina, Paola und Carla Barucci
Ort //
Restaurant »La Bottega di Volpaia«, Chianti

PAPPARDELLE AL RAGÙ DI CINGHIALE E FUNGHI PORCINI

Pappardelle mit Wildschwein-Steinpilz-Sauce

Für 6 Portionen
Zubereitungszeit: 4 Stunden

Für die Sauce
1 Karotte, geschält
1 rote Zwiebel
1 Stange Sellerie, geschält
natives Olivenöl extra
1 kg Wildschweinfleisch
300 g Rinderhackfleisch (um den intensiven Wildgeschmack abzuschwächen)
500 ml trockener Rotwein
5-10 frische Lorbeerblätter
800 g frische Steinpilze, geputzt und klein geschnitten
3-4 Knoblauchzehen, grob gehackt
1 kg Passata (siehe Seite 265)
Salz
frisch gemahlener schwarzer Pfeffer

Für die Pasta
600 g italienisches Hartweizenmehl (Tipo 00) plus etwas für die Arbeitsfläche
5 Eier (Größe M)
Salz

»*Toscana è pieno di alloro, ciprese e rosmarino.*«
(Die Toskana ist voller Lorbeerbäume, Zypressen und Rosmarin.)
Gina Barucci

1. Für die Sauce alle Gemüse in 1 cm lange Stücke schneiden. In einem Topf das Olivenöl erhitzen, die Gemüse darin anschwitzen, bis sie Farbe annehmen.

2. Das Wildschweinfleisch sehr klein schneiden und hacken (zu einer Konsistenz wie Hackfleisch), dann mit dem Rinderhackfleisch zum Gemüse geben und braun braten.

3. Den Rotwein angießen und bei mittlerer Temperatur köcheln lassen, bis er verdunstet ist. Nicht kochen, sondern so köcheln, dass der Wein ganz langsam verdunstet.

4. Lorbeerblätter, Pilze, Knoblauch und Passata hinzufügen. Die Temperatur reduzieren, den Topf abdecken und mindestens 3 Stunden köcheln lassen. Mit Salz und Pfeffer abschmecken.

5. Für die Pasta das Mehl auf eine saubere Arbeitsfläche sieben und zu einem Hügel mit einer Mulde in der Mitte (wie ein Vulkan) formen.

6. Die Eier aufschlagen und in die Mulde gleiten lassen. Eine Prise Salz dazugeben, alles vermischen und die Mischung zu einem Ball formen.

7. Gut kneten, als würde man Brot kneten. Mit dem Handballen den Teig immer wieder von sich weg schieben, umklappen, umdrehen und das Ganze wiederholen, bis der Teig weich und elastisch ist – das dauert etwa 5 Minuten.

8. Den Teig 30 Minuten in Frischhaltefolie gewickelt an einem kühlen Ort oder im Kühlschrank ruhen lassen.

9. Das Ausrollen ist mit einer Nudelmaschine am einfachsten – sonst auf einer bemehlten Arbeitsfläche mit einem Nudelholz. Der ausgerollte Teig darf nur 1 mm dick sein – man soll seine Finger durch ihn sehen können.

10. Den Teig in 2 cm breite Bänder schneiden und in sprudelnd kochendes Salzwasser geben. Frische Pasta gart schnell, deshalb nach 3-4 Minuten prüfen, ob sie schon al dente ist.

11. Fertige Pasta abgießen, auf Tellern anrichten und die Sauce darübergeben.

GNOCCHI CON SUGO DI SPUNTATURE DI MAIALE
Gnocchi in Schweinerippchen-Sauce

Gnocchi sollen angeblich als Stärkungsmittel für die römischen Legionen entstanden sein, als diese durch Europa marschierten. Gnocchi gibt es in allen möglichen Formen, Größen und Texturen und in ganz Italien. Aber besonders eng sind sie mit Italiens Hauptstadt verbunden. Dieses Gericht, das die ehrwürdige Teresa Rossi kocht, wird in ihrem Restaurant in Rom nur an Donnerstagen serviert – das Rezept stammt aus ihrem Heimatort Ciociaria in der Region Lazio.

Köchin //
Teresa Rossi
Ort //
Restaurant »La Carbonara«, Rom

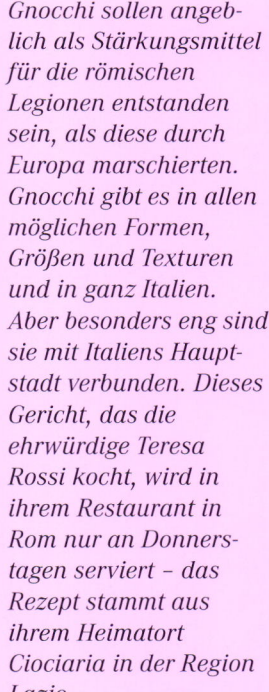

Rosi lächelt, wenn sie über ihre Mutter Teresa, Chefin des alteingesessenen und beliebten Restaurants »La Carbonara«, spricht: »Sie müssen sie *marescialla* nennen. Das gefällt ihr. Und es stimmt. Sie kontrolliert alles. Wir haben keine Tiefkühltruhe, also muss sie den Überblick über unsere täglichen Bestellungen behalten – und das ist keine kleine Aufgabe. Zum Beispiel verarbeiten wir in einem Monat etwa 4.000 Eier.« Diese *marescialla* – die weibliche Form von Marschall oder Feldwebel – mag weit über 70 sein, aber sie hat das Restaurant definitiv unter Kontrolle. »Sie kommt als Erste und geht als Letzte«, erzählt Rosi, »sie möchte sicher sein, dass die Gäste sich bis zum letzten Moment umsorgt fühlen. Sie ist wie die Mutter von allen.«

Im In-Viertel Monti gelegen, nur einen Steinwurf vom Colosseum entfernt, werden im »La Carbonara« seit 1906 klassische römische Gerichte serviert. »Der Name hat mit dem Gericht ›Carbonara‹ nichts zu tun«, sagt Rosi, »er bezieht sich auf die Bergarbeiterfamilie, der das Restaurant ursprünglich gehörte. Die Frau war eine tolle Köchin, also fing sie mit einem kleinen Restaurant an. Meine Familie übernahm das Restaurant vor 20 Jahren.« Teresa macht alle Gnocchi selbst – von den klassischen Gnocchi alla Romana bis zu diesem traditionellen Rezept mit Hackfleisch, das aus ihrem Heimatort Ciociaria in der weinreichen Gegend Piglio stammt.

Unter der Leitung von Teresa hält man sich im »La Carbonara« streng an eine wöchentliche Speisekarte mit traditionellen römischen Gerichten: Donnerstag ist Gnocchi-Tag, Freitag gibt es *baccalà* und am Samstag Kutteln. »Dieses Gnocchi-Gericht ist meine Droge«, sagt der in Rom wohnende Francesco Ortone, »jeden Donnerstag, den ich hier in der Gegend bin, muss ich meine Portion bekommen. Ich lebe am Campo dei Fiori, wo es viele populäre, touristische Restaurants gibt, sogar eines mit dem gleichen Namen. Aber keines macht so gute Gnocchi wie Teresa. Es ist eines der wenigen Restaurants in Rom, vor dem die Leute Schlange stehen, bevor es überhaupt geöffnet hat.«

GNOCCHI CON SUGO DI SPUNTATURE DI MAIALE

Gnocchi in Schweinerippchen-Sauce

Für 4 Portionen
Zubereitungszeit: 2 Stunden

Für die Gnocchi
500 g mehligkochende Kartoffeln
500 g Weizenmehl (Type 405) plus etwas für die Arbeitsfläche
2 Eier (Größe M), verquirlt
100 g Pecorino Romano, gerieben
Salz

Für die Sauce
4 EL natives Olivenöl extra
1 Karotte, geschält und klein gewürfelt
1 Stange Sellerie, geschält und klein gewürfelt
1 Zwiebel, klein gewürfelt
500 g Fleisch von Schweinerippchen, klein gewürfelt
125 ml trockener Weißwein
2 kg geschälte Pflaumentomaten aus der Dose
Salz
frisch gemahlener schwarzer Pfeffer
etwas geriebener Parmesan zum Bestreuen

1 Die Kartoffeln kochen oder besser noch dämpfen, bis sie sehr weich sind. Dann sehr fein pürieren oder stampfen.

2 Kartoffeln, Mehl, Eier und Käse vermengen und zu einer Teigkugel formen. Kneten, bis der Teig weich ist. Dann auf einer bemehlten Oberfläche in Würste von 2,5 cm Durchmesser ausrollen. In 2,5 cm lange Stücke schneiden und mit dem Daumen jedes Stück über die Zinken einer bemehlten Gabel rollen.

3 In einem Topf das Olivenöl erhitzen. Darin die fein gewürfelten Gemüse und das Fleisch bei mittlerer Temperatur anbraten, bis sie Farbe annehmen. Dann mit dem Weißwein ablöschen. Wenn er verdunstet ist, die Tomaten hinzugeben, mit Salz und Pfeffer abschmecken, Topf abdecken und das Ganze mindestens 1 Stunde bei geringer Temperatur köcheln lassen. Dabei häufig umrühren.

4 Die Gnocchi in sehr viel sprudelnd kochendem Salzwasser 4 Minuten kochen oder bis sie an die Oberfläche steigen.

5 Die Gnocchi abgießen, gut abtropfen lassen und in den Topf mit der Sauce geben.

6 Mit etwas geriebenem Parmesan servieren.

Insider-Tipp

Neben dem Restaurant »La Carbonara« befindet sich der Palazzo Faletti, in dem es eine Menge Kunst und alte Sachen zu bewundern gibt: zeitgenössische Fotografien, Murano-Glas-Kronleuchter, Wandteppiche aus dem 16. Jahrhundert, barocke römische Fresken und eine Galerie alter Olivetti-Schreib- und -Telefonverbindungsmaschinen. Dieser einst herzogliche Palast war Sitz der italienischen internationalen Nachrichtenagentur und diente im Zweiten Weltkrieg der Kommunikation von Propaganda. Heute ist das Gebäude in Privatbesitz, aber wenn Rosi Zeit dafür hat, führt sie ihre Gäste dort auch herum.

CINGHIALE IN UMIDO CON OLIVE

Wildschweingulasch mit Oliven

Wenn es ein Tier gibt, das die ländliche toskanische Küche präsentiert, dann ist es das Wildschwein. Das riesige T-Bone-Steak *bistecca fiorentina* mag zwar auf den Touristentischen in Florenz die Lieblingsschlemmerei für überzeugte Fleischesser sein, aber das Wildschwein hat hier eine lange, traditionsreiche Geschichte. Seit Jahrtausenden prägt die Wildschweinjagd das ländliche Jahr in der Toskana.

In der toskanischen Provinz ist das Wildschwein der »König mit Hauern« und sein Fleisch wird in Restaurants auf dem Land das ganze Jahr über serviert. Aber die beste Zeit, um die vielen mit Wildschwein zubereiteten Gerichte zu essen, ist während der Jagdsaison von September bis Januar. Dann hängt Holzrauch über den Chianti-Hügeln, die Kastanien leuchten golden und die Weintrauben sind gekeltert.

Das winzige Dort Volpaia im Chianti besteht aus nicht mehr als ein paar über die Hügel verstreut liegenden Häusern, die die kleine Kirche San Lorenzo aus dem 14. Jahrhundert umgeben. Hier gibt es drei Restaurants, alle von derselben Familie geführt. In den 1960er-Jahren eröffnete hier die heute über 80-jährige Gina Barucci eine *bottega* (Laden mit Imbiss) und noch immer ist sie – heute mit ihren Töchtern Paola und Carla – Herrscherin über die drei Restaurants im Dorf. Carla führt das bekannteste, ein beliebtes Restaurant mit einer großen Terrasse: »La Bottega di Volpaia«.

An dieser Stelle gab es seit 1707 ein Restaurant, dessen Terrasse einen weiten Blick über ein tiefes Tal eröffnet, in dem die Wildschweine zwischen den Weinstöcken wühlen – jedenfalls, bis die Jäger sie erschießen. Volpaia ist eines der bei Touristen weniger bekannten Dörfer auf den Hügeln des Chianti. Doch auch hier kommen Wanderer und Touristengruppen sowie am Sonntag eine treue Stammkundschaft vorbei, um in einem der Restaurants zu Mittag zu essen. Italienische Biker rollen auf ihren schweren Maschinen auf die Piazza, pellen sich aus ihrer Lederkleidung und ziehen sich Stühle heran, um vor der Tür von Baruccis Café ihre Panini zu essen. Auf der anderen Seite der kleinen Piazza lassen sich große Familien an den Tischen auf der Terrasse der Bottega nieder, um übergroße Ravioli und herzhafte Fleischgerichte zu verzehren, darunter das dunkle *cinghiale in umido con olive* (Wildschweingulasch mit Oliven).

Auf den mittelalterlichen Esstischen Europas war Wildschwein ein Standardgericht, doch bis vor Kurzem war das Tier außerhalb Italiens in weiten Gebieten ausgestorben. Zwar findet man manchmal exportiertes italienisches Wildschweinfleisch, doch davon stammt das meiste tatsächlich von Bauernhöfen, die Wildschweine halten. Bekommt man dieses magere, dunkle und intensiv nach Wild schmeckende Fleisch nicht, kann es durch Rücken- oder Lendenstücke vom Schwein oder Reh ersetzt werden.

Köchinnen //
Gina, Paola und Carla Barucci
Ort //
»La Bottega di Volpaia«, Chianti

»Wo diese Rezepte herkommen? Ihre Spuren verlieren sich in der Zeit. Von meiner Mutter und ihrer Mutter ... Köche meinen, sie müssten die Rezepte verändern oder ihnen etwas hinzufügen, aber darum geht es bei toskanischem Essen nicht. Es ist einfach. Es geht um Traditionen und Zutaten.«

Carla Barucci

CINGHIALE IN UMIDO CON OLIVE
Wildschweingulasch mit Oliven

Für 6 Portionen
Zubereitungszeit: 2–3 Stunden plus Marinierzeit über Nacht

Für die Marinade
500 ml trockener Rotwein
1 Zwiebel, gewürfelt
1 Karotte, geschält und gewürfelt
1 Stange Sellerie, geschält und gewürfelt
1 Zweig frischer Rosmarin
2 frische Lorbeerblätter

1 kg Wildschweinfleisch
125 ml natives Olivenöl extra
1 Handvoll frische glatte Petersilie
5 Knoblauchzehen
1 rote Zwiebel, in große Stücke geschnitten
2 Karotten, geschält und in große Stücke geschnitten
2 Stangen Sellerie, geschält und in große Stücke geschnitten
1 l trockener Rotwein
1 l Passata (siehe Seite 265)
300 g schwarze Oliven ohne Stein

1 Aus 500 ml Wasser und den Marinadezutaten eine Marinade zubereiten. Darin das Wildschweinfleisch über Nacht im Kühlschrank marinieren.

2 Am nächsten Morgen die Marinade abgießen und das Fleisch waschen. In 4 x 4 cm große Stücke schneiden und diese in einem schweren Schmortopf langsam erhitzen. Abgießen und alle Flüssigkeit, die während des Bratens aus dem Fleisch austritt, entsorgen.

3 Olivenöl in den Schmortopf zum Fleisch geben und das Fleisch darin ein paar Minuten braten, bis es Farbe angenommen hat. Petersilie und Knoblauch mit einem Wiegemesser grob hacken. Wenn das Fleisch angebräunt ist, das in große Stücke geschnittene Gemüse, die Petersilie und den Knoblauch dazugeben und erneut alles bräunen.

4 Mit Rotwein ablöschen und köcheln lassen, bis er verdunstet ist.

5 Passata und Oliven hinzufügen, den Schmortopf abdecken und das Wildschweingulasch mindestens 1 Stunde bei geringer Temperatur köcheln lassen, bis das Fleisch weich und durchgegart ist. Dabei oft umrühren, damit es nicht am Boden anhaftet.

SALTIMBOCCA ALLA ROMANA
Kalbsschnitzel auf römische Art

Die Via Appia, einst die »Königin der Straßen«, verband die Hauptstadt Rom mit Brindisi, wo Schiffe ihre Segel setzten, um nach Afrika oder Richtung Osten aufzubrechen. Nahe Rom gibt es noch gut erhaltene antike Teilstücke dieser berühmten Straße und auf den umliegenden, vor Bebauung geschützten Hügeln grasen die Schafe, aus deren Milch der köstliche Pecorino Romano hergestellt wird. Probieren Sie diesen und ein klassisches saltimbocca alla romana *im »L'Archeologia« auf der Via Appia.*

Der Ursprung der Redewendung »Alle Wege führen nach Rom« ist dieses bewundernswerte Stück Ingenieurkunst aus dem 5. Jahrhundert, die breiteste und längste Straße ihrer Zeit. Flankiert wird das erhaltene Teilstück nahe Rom von alten Grabmälern, Katakomben und saftig grünen Hügeln, auf denen Schafe grasen. Der aus ihrer Milch hergestellte Pecorino Romano wird in ganz Rom verkauft und im Restaurant »L'Archeologia« serviert, das in einem weitläufigen, 400 Jahre alten Anwesen an der Via Appia Antica liegt.

Diese ehemalige Poststation liegt im Schatten einer jahrhundertealten Glyzinie (vermutlich die älteste Europas) und neben den imposanten Ruinen eines römischen Grabs. Das »L'Archeologia« ist wohl eines der stimmungsvollsten Restaurants der Stadt, um ein *saltimbocca alla romana* zu genießen. Dieses Gericht, wörtlich übersetzt »Spring in den Mund!«, ist voller Aromen – salzig, etwas holzig und mit dem intensiven Geschmack von Salbei.

Saltimbocca ist eines von Roms beliebtesten Gerichten – die dünnen Scheiben Kalbfleisch mit Schinken und Salbei, die kurz in Weißwein und Butter gegart werden, stehen auf den Speisekarten überall in der Stadt. Hier heißt das Gericht einfach nur *saltimbocca,* während es anderswo im Land, wo noch andere Versionen serviert weren, den Zusatz *alla romana* erhält.

Wahrscheinlich ist *saltimbocca* nicht in Rom entstanden (man nimmt an, dass es aus Brescia kommt), aber es wird der klassischen *cucina romana* (der römischen Küche) zugerechnet und seine Berühmtheit verdankt es hauptsächlich den römischen Restauranttischen. Das Gericht hat nicht viele Zutaten, deshalb ist es wie bei vielen einfachen, aber genialen italienischen Rezepten sehr wichtig, dass diese allerbeste Wahl sind. Kaufen Sie beim Fleischer *noce di vitella* (Lende), das zarteste Stück Kalbfleisch, und kombinieren Sie es mit dunkelgrünem, intensiv riechendem Salbei und einem milden Schinken, damit dieser den Geschmack des Kalbfleisches nicht überlagert.

Koch //
Stefano Ruzzoli
Ort //
Restaurant »L'Archeologia«, Rom

SALTIMBOCCA ALLA ROMANA

Kalbsschnitzel auf römische Art

Für 1 Portion
Zubereitungszeit: 20 Minuten

100 g Kalbsschnitzel (2 Scheiben) aus der Lende
4 frische Salbeiblätter
4 Scheiben Schinken
1 EL Weizenmehl (Type 405) zum Bestauben des Fleisches
1 EL natives Olivenöl extra
75 ml trockener Weißwein

1 Das Fleisch zwischen zwei Lagen Frischhaltefolie legen und mit einem Fleischklopfer klopfen oder mit einer Nudelrolle flach rollen, bis es etwa 5 mm dick ist. Frischhaltefolie entfernen, 1 Salbeiblatt auf die eine Seite jedes Schnitzel legen und mit 1 Scheibe Schinken bedecken.

2 Auf der anderen Seite jedes Schnitzels genauso verfahren, dann beide Seiten leicht mit Mehl bestauben.

3 Das Olivenöl in einer Pfanne erhitzen und die Schnitzel darin auf jeder Seite 2 Minuten braten.

4 Mit dem Weißwein ablöschen und vor dem Servieren 1 Minute darin garen. Dazu passt kurz in mit Knoblauch aromatisiertes Olivenöl geschwenkter frischer Spinat.

SÜDITALIEN

Essen aus den von der Sonne verwöhnten südlichen Gefilden Italiens: am Strauch gereifte Tomaten, Pizza, Tintenfisch und einfache Pasta-Gerichte bäuerlichen Ursprungs. Hier ist die Wiege der berühmten mediterranen Küche mit frischem, gegrilltem Fisch, Zitrusduft und krautigen Salaten.

1
PUGLIESE
ANTIPASTI
*Antipasti
aus Apulien*
Seite 176

2
PURE DI FAVE
CON LE CICORIE
»INCRAPIATA DI FAVE«
*Püree aus Dicken Bohnen
und Endivien*
Seite 180

3
ARANCINI
*Frittierte gefüllte
Reisbällchen*
Seite 184

4
ALICI
NELL'ORTO
*Garnelen mit
Gartengemüse*
Seite 188

5
LA STIGGHIOLA
*Gegrillte Thunfisch-
Tintenfisch-Röllchen*
Seite 192

6
CAVATELLI CON CECI NERI
LUCANI A PROFUMO
DI ROSMARINO
*Cavatelli mit schwarzen
Kichererbsen und Rosmarin*
Seite 196

7
PIZZA A
PORTAFOGLIO
*Pizza zum
Zusammenklappen*
Seite 200

8
LINGUINE CON
RICCI DI MARE
Seeigel-Linguine
Seite 204

9
POLPO ALLA PIGNATA
*Oktopus mit Tomaten,
Kräutern und Kartoffeln*
Seite 208

10
GNOCCHI DI PANE AL PESTO
DI OLIVE NERE E PECORINO
*Brot-Gnocchi mit
Pesto aus schwarzen Oliven
und Pecorino*
Seite 212

11
TIMBALLO DI
ANELLETTI AL FORNO
*Überbackene, mit Anelletti
und Hackfleisch gefüllte
Auberginenscheiben*
Seite 216

12
AGNELLO DI MASSERIA
CON CARCIOFI
*Lamm mit
Artischocken*
Seite 220

13
NASTRINI DI GRANO
BRUCIATO CON POMODORI,
CICORIA E RICOTTA
*Bandnudeln mit Tomaten,
Endivien und Ricotta*
Seite 224

14
ORECCHIETTE
CON CIMA DI RAPA
*Orecchiette
mit Stängelkohl*
Seite 228

15
PEZZOGNA ALL'
ACQUA PAZZA CON
VONGOLE E RUCOLA
*Pezzogna mit Venus-
muscheln und Rucola*
Seite 232

16
SPAGHETTONI
CON CARDONCELLI
E CACIOCAVALLO
*Spaghettoni mit Kräuter-
seitlingen und Caciocavallo*
Seite 236

17
PASTA ALLA NORMA
Pasta alla Norma
Seite 240

18
CAPONATA DI
MELANZANE CON
POLPO ARROSTITO
*Auberginensalat mit
gebratenem Oktopus*
Seite 244

19
SPAGHETTI ALLE VONGOLE
*Spaghetti mit
Venusmuscheln*
Seite 248

20
RAGÙ DI SUINO
NERO DEI NEBRODI
*Pappardelle mit Ragout
von schwarzem Schwein*
Seite 252

21
CANNOLI
Seite 256

22
SORBETTO
DI LIMONE
Amalfi-Zitronen-Sorbet
Seite 260

PUGLIESE ANTIPASTI
Antipasti aus Apulien

Dieses Antipasti-Trio ist schnell zubereitet und präsentiert einige köstliche Produkte aus Apulien: cremige burrata, *rauchigen* capocollo, cardoncelli-*Pilze und – ein Lieblingsgericht in ganz Süditalien – gebackene, mit Ricotta gefüllte Zucchiniblüten.*

Wie in vielen Regionen Italiens sind auch die Antipasti in Apulien oft dünne Scheiben oder kleine Bissen der besten regionalen Produkte, hübsch arrangiert auf einem Teller. *Crudo* – rohe Meeresfrüchte oder dünn geschnittene rohe Gemüse, in gesalzenes Olivenöl getunkt – sind die beliebtesten Antipasti, die man an den Restauranttischen oft vor dem Essen als Amuse-Bouche mit Brotkringeln und dicken, rustikalen Brotscheiben bekommt.

Eines der einfachsten Antipasti der Region ist gleichzeitig sein bestes: *burrata* – was so viel wie »gebuttert« bedeutet. Dabei handelt es sich um eine Variante des Mozzarellas mit einer sahnigen Füllung, die im Moment in hippen Restaurants in der ganzen Welt sehr beliebt ist. Sie wurde 1956 nahe der apulischen Stadt Andria erfunden, als starker Schneefall den Milchtransport verhinderte und die Bauern auf diese Art ihre Sahne konservierten. Die *burrata* (die kleineren Käsebällchen heißen *burratina*) hat einen sehr dezenten Geschmack, der von einer zu kräftigen Dressierung mit Apuliens intensivem Olivenöl leicht überlagert werden würde. Deshalb sollte man Olivenöl hier nur sparsam verwenden.

In der »Osteria del Tempo Perso«, die im Herzen von Ostunis Altstadt in einem ehemaligen *forno pubblico* (öffentliche Bäckerei) untergebracht ist, wird *burrata* pur serviert, mit nur ein paar Granatapfelkernen, Rucolablättern und einer winzigen Spur Olivenöl und Pfeffer. Den Rand des Tellers schmücken noch einige Scheiben der Wurstspezialität *capocollo* aus der nahe gelegenen Gemeinde Martina Franca.

Wie viele der am Berghang gelegenen, weiß getünchten Gebäude Ostunis ist die »Osteria del Tempo Perso« eigentlich eine Höhle, direkt in die Felsen gebaut, und ihre Wände sind naturbelassen. Seit mehr als 30 Jahren befindet sich hier diese landestypische Osteria, aber die Felsenhöhle war schon viel länger ein Zentrum für Ostunis Esskultur. »Hier befand sich eine der öffentlichen Backstuben des Ortes«, erzählt Teo Carlucci, der Eigentümer der Osteria, »die Bewohner der mittelalterlichen Stadt hatten keine eigenen Backöfen, deshalb brachten sie ihr Brot mit dem Namen oder einem Symbol der Familie gekennzeichnet hierher und holten es abends zur Essenszeit wieder ab.«

Rico Cesario und Francesco Pastore ehren dieses Erbe mit selbst gebackenem Brot aus Weizen und dem regional angebauten *grano saraceno* (Buchweizen). Ein anderes Antipasto der Osteria sind *cardoncelli*-Pilze, die mit einem Brotteig-Topping gebacken werden. Der Pilz wächst auf der Hochebene von Murcia und wird in der Region als Antipasto sehr geschätzt – manchmal wird er mit Semmelbröseln, Knoblauch und Petersilie gefüllt und gebacken oder als *trifolati* klein geschnitten und mit Knoblauch und Chili angebraten.

Köche //
Rico Cesario und Francesco Pastore
Ort //
»Osteria del Tempo Perso«, Ostuni

BURRATINA CON MELOGRANO
Burratina mit Granatapfelkernen

Für 4 Portionen
Zubereitungszeit: 5 Minuten

4 Kugeln burratina
einige Blätter Rucola
einige Granatapfelkerne
10 Scheiben capocollo-Wurst
natives Olivenöl extra
frisch gemahlener weißer Pfeffer

1 Burratina-Kugeln ganz lassen oder halbieren. Den Rucola auf Tellern anrichten, burratina daraufgeben, mit Granatapfelkernen bestreuen. Die capocollo-Wurst daneben arrangieren, mit Olivenöl beträufeln und mit Pfeffer übermahlen, dann servieren.

TEGAMINO DI FUNGHI CARDONCELLI IN CROSTA DI PANE
Cardoncelli-Pilze mit Teig-Topping gebacken

Für 4 Portionen
Zubereitungszeit: 1 Stunde

Für die Füllung
200 ml natives Olivenöl extra
2 Knoblauchzehen, gehackt
150 g Cherrytomaten, halbiert
400 g frische Pilze, geputzt
Salz
frisch gemahlener schwarzer Pfeffer

Für das Teig-Topping
200 g Weizenmehl (Type 405)
20 g Salz
1 TL Hefe
150 ml Wasser

1 Öl in einer Pfanne erhitzen, Knoblauch darin leicht anschwitzen. Tomaten hinzufügen und 10 Minuten bei geringer bis mittlerer Temperatur köcheln lassen. Pilze dazugeben, entweder halbiert oder geviertelt – alle sollen etwa gleich groß sein. Mit Salz und Pfeffer abschmecken.

2 Zutaten für den Teig verarbeiten, als würde man Pastateig ohne Ei herstellen (siehe Seite 264). 30 Minuten ruhen lassen. Den Backofen auf 250 °C Ober-/Unterhitze vorheizen.

3 Die gekochte Füllung in eine ofenfeste Form (Ø 15 cm; 8 cm hoch) füllen, dann mit dem Teig bedecken. Den Teig nicht einstechen, er soll aufgehen und sich aufbauschen. Im Backofen 8 Minuten backen. Herausnehmen und servieren.

Tipp
Wenn man keine Cardoncelli-Pilze bekommt, kann man stattdessen Shiitake-Pilze nehmen.

FIORI DI ZUCCA
Gefüllte Zucchiniblüten

Für 4 Portionen
Zubereitungszeit: 15 Minuten

1 Ei (Größe M)
100 g Ricotta
50 g Parmesan, gerieben
10 g Minze, gehackt
Salz
frisch gemahlener weißer Pfeffer
4 Zucchiniblüten, küchenfertig
300 ml natives Olivenöl extra zum
   Frittieren der Blüten
etwas frisch gehackte glatte Petersilie

1 Das Ei aufschlagen und mit Ricotta, Parmesan und der Minze vermischen. Salzen und pfeffern.

2 Einen Spritzbeutel mit der Mischung füllen, die Zucchiniblüten oben öffnen und die Masse hineinspritzen. Blüte zum Schließen vorsichtig zusammendrücken.

3 Das Olivenöl in einer Pfanne mit hohem Rand erhitzen, bis es blubbert.

4 Die Blüten vorsichtig in das Öl legen und etwa 5 Minuten frittieren, dabei behutsam wenden, damit sie ganz gebräunt werden. Heiß mit etwas darübergestreuter Petersilie servieren.

PURE DI FAVE CON LE CICORIE »INCRAPIATA DI FAVE«
Püree aus Dicken Bohnen und Endivien

In einer kleinen Seitenstraße in Locorotondos Altstadt, wo dicht gedrängte, enge Straßen bergab führen, befindet sich das Restaurant »La Taverna del Duca«. Dort serviert Antonella Scatigna, die das Kochen bei sich zu Hause erlernt hat, alte apulische Gerichte wie dieses Püree aus Dicken Bohnen und Endivien.

Antonella wird nicht gern Köchin genannt, dabei sieht sie in ihren weißen Sachen genau wie eine professionelle Köchin aus: »Ich bin niemand, der Gerichte modisch verändern möchte. Ich weiche nicht von den Traditionen unserer Region ab. Meine Rezepte sind nicht kompliziert, sie kommen aus der bäuerlichen Küche und der *cucina povera*. Ich glaube, die Leute haben genug von Béchamelsauce und solchen Sachen. Sie wollen den natürlichen Geschmack des Essens.«

Während immer wieder die lauten Glocken der Kirche La Dolorosa läuten, bereitet Antonella ein Gericht zu, das die Bauern hier schon seit Jahrhunderten essen. »*Incrapiata* bedeutet ›zusammengemischt‹«, erklärt sie, »dieses Gericht wurde früher auf die Felder gebracht und auf einer großen Platte serviert. Auf das Püree kam ordentlich viel Olivenöl. Heute ist es wertvoller geworden, aber wir haben hier in Apulien immer sehr viel gutes Öl gehabt.«

Antonella serviert auf rustikalen Terrakottatellern aus dem nahen Dorf Grottaglie. Die Teller, die ihrer Großmutter gehört haben, schmücken die Wände der Taverne, die sich in einem von Locorotondos charakteristischen *cummerse*-Häusern mit Giebeldach befindet. Aber die Teller sind alles, was sie geerbt hat. Antonellas Familie hat schon immer in Locorotondo gewohnt und sie ist die Erste der Familie, die Köchin geworden ist. »Ich war Mutter und Hausfrau«, erzählt sie, »vor ein paar Jahrzehnten hat sich mein Leben total verändert und ich beschloss, etwas ganz anderes zu machen. Ich habe immer sehr gern gekocht, also eröffnete ich dieses Restaurant.«

Bei einer Speisekarte, die *cucina casalinga* (Hausfrauenküche) anbietet, verarbeitet Antonella natürlich auch regionale Produkte: »Wenn möglich, beachten wir das Null-Kilometer-Prinzip.« Ursprünglich wuchsen die Endivien für dieses Gericht wild, heute werden sie in der Gegend angebaut (Endivien aus Apulien haben dunkelgrüne, bittere Blätter). »Meine kommen vom Markt im Ort oder von Bauern aus der Umgebung«, sagt Antonella, »unser Öl ist aus Locorotondo und die Bohnen haben die Auszeichnung ›Presidio Slow Food‹.« (Siehe Kasten auf der nächsten Seite.)

Antonella legt Wert auf Regionalität und ihr bodenständiges Kochen hat im wörtlichen Sinn weitreichende Wirkungen, denn sie stiftet einen Teil ihrer Einnahmen an ein Waisenhaus, das sie im Kongo gegründet hat – dorthin reiste sie, bevor sie ihr Restaurant eröffnete. Jetzt verbringt sie jedes Jahr einen Monat im Kongo und überbringt das Geld, das sie und andere Slow-Food-Köche der Region bei besonderen Veranstaltungen sammeln.

Köchin //
Antonella Scatigna
Ort //
Restaurant »La Taverna del Duca«, Locorotondo

PURE DI FAVE CON LE CICORIE »INCRAPIATA DI FAVE«

Püree aus Dicken Bohnen und Endivien

Für 4 Portionen
Zubereitungszeit:
2 Stunden plus
Einweichzeit über Nacht

1 kg getrocknete Dicke Bohnen
500 g mehligkochende Kartoffeln, geschält und klein geschnitten
Salz
frisch gemahlener schwarzer Pfeffer
Endivien (die regionale Sorte ist cicoria di galatina)
natives Olivenöl extra aus Apulien

1. Die Bohnen über Nacht in kaltem Wasser einweichen.

2. Am nächsten Tag die Bohnen abgießen und zum Kochen in einem Topf mit frischem Wasser aufsetzen.

3. Wenn die Bohnen gekocht sind, die Kartoffeln hinzufügen, alles gerade mit Wasser bedecken und kochen, bis alles Wasser aufgenommen ist.

4. Bohnen und Kartoffeln pürieren. Traditionell wird das mit einem großen hölzernen Löffel gemacht, aber man kann auch einen Pürierstab verwenden. Das Ergebnis sollte samtig-cremig sein, nicht zu flüssig, sondern wie ein Hummus dichter Konsistenz. Mit Salz und Pfeffer abschmecken.

5. Die Endivien waschen, grob hacken, in einem Topf mit Salzwasser zum Kochen bringen und 15 Minuten köcheln lassen. Abgießen.

6. Zum Schluss das Bohnenpüree mit den Endivien vermischen, auf Teller verteilen und mit großzügig darübergeträufeltem Olivenöl servieren. Das Gericht kann allein gegessen werden, sonst passt dazu ein einfacher Tomatensalat mit roten Zwiebeln.

In Italien gibt es mehr als 200 mit dem Prädikat »Presidio Slow Food« ausgezeichnete Produkte von mehr als 1.600 kleinen Produzenten, darunter Fischer, Fleischer, Schäfer, Käsereien, Bäcker und Konditoren. Alle stellen für eine Region typische Lebensmittel her, die auf traditionelle Art erzeugt werden. Um sie beim Einkauf zu erkennen, tragen die Produkte in Italien die Kennzeichnung »Presidio Slow Food«. www.slowfoodfoundation.com

ARANCINI
Frittierte gefüllte Reisbällchen

Arancini sind Siziliens Streetfood Nummer eins: gefüllte Reisbällchen, von Semmelbröseln umhüllt und frittiert, bis sie eine schöne gold-orange Farbe haben, die diesen »kleinen Orangen« ihren Namen gibt. Im Restaurant »Antica Focacceria San Francesco« werden sie mit einem »zarten Herzen« aus einer Erbsen- oder Schinken-Mozzarella-Mischung serviert.

Schon seit 1834 wird in Palermos »Antica Focacceria San Francesco« volkstümliches sizilianisches Essen angeboten. Inzwischen haben die Rezepte des Restaurants landesweit Anklang gefunden: Von seinem bescheidenen Anfang als Bäckerei ist aus der Focacceria nun ein Franchise-Unternehmen mit Ablegern in Mailand, Palermo und Rom geworden.

Arancini soll es in Sizilien schon seit dem 10. Jahrhundert geben, damals stand die Insel unter arabischer Herrschaft. Der Safran, dem die Bällchen ihre sonnige Farbe verdanken, wird heutzutage um den Ätna herum angebaut, kam aber damals auf Schiffen aus dem Osten.

In Sizilien ist es Brauch, jedes Jahr im Dezember am kürzesten Tag des Jahres beim »Festa della Santa Lucia« *arancini* zu essen. Santa Lucia ist die Heilige des Lichts, die der Legende nach die Insel im 17. Jahrhundert vor einer Hungersnot gerettet hat, indem sie auf einem mit Weizen beladenen Segelschiff in Sizilien anlegte. Die Inselbewohner hatten solchen Hunger, dass sie die Ladung sofort verzehren wollten; den Weizen zu mahlen und zu Brot oder Pasta zu verarbeiten, hätte zu lange gedauert. So wurde das Getreide einfach nur gekocht. An dieses Ereignis wird durch besagtes Fest erinnert, bei dem man auf Mehl verzichtet und stattdessen in *arancini* schwelgt.

Vorsicht ist bei der Bezeichnung der kleinen Reisbälle geboten: Überall sonst in der Welt und im größten Teil Italiens ist das Wort maskulin – *arancino* (Singular) oder *arancini* (Plural) –, aber da das italienische Wort für Orange feminin ist (*arancia*), bestehen Puristen darauf, dass der Diminutiv *arancina* heißen müsste (und im Plural *arancine*). Fragt man nun im größten Teil Siziliens nach *arancini*, kann es passieren, dass der Verkäufer behauptet, einen nicht zu verstehen. Kommt man aber in die östliche Ecke der Insel, werden dort die Reisbälle *arancini* genannt, denn im sizilianischen Dialekt heißt die Orange auch *aranciu* (maskulin) – und davon ist das am meisten benutzte italienische Wort *arancini* abgeleitet. Alles klar?

Viel geliebt, viel nachgebacken, als Schlemmerei verzehrt, Streitobjekt: nicht schlecht für eine(n) bescheidene(n) kleine(n) *arancina(o)*, oder?

Koch //
Giuseppe di Mauro
Ort //
Restaurant »Antica Focacceria San Francesco«, Palermo

ARANCINI
Frittierte gefüllte Reisbällchen

Für 4 Portionen
Zubereitungszeit: 2 Stunden

Salz
250 g Arborio-Reis
250 g Risottoreis »Riso Roma«
100 g Butter plus etwas für die Erbsen
1 Prise Safran, in etwas warmem Wasser eingeweicht
6 Eier (Größe M)
1–2 EL natives Olivenöl extra
1 Stange Sellerie, geschält und fein gehackt
1 Karotte, geschält und fein gehackt
½ Zwiebel, fein gehackt
150 g Kalbshackfleisch
75 ml trockener Rotwein
frisch gemahlener schwarzer Pfeffer
30 g Weizenmehl (Type 405)
100 ml Passata (siehe Seite 265)
100 g frische Erbsen
100 g Caciocavallo-Käse
   (alternativ Mozzarella), gewürfelt
300 g Semmelbrösel
Erdnuss- oder Sonnenblumenöl zum Frittieren

1. 1 l Salzwasser in einem Topf zum Kochen bringen, den Reis hinzufügen, den Topf abdecken und bei geringer Temperatur köcheln lassen, bis der Reis alles Wasser aufgenommen hat und weich ist.

2. In den noch heißen Reis die Butter, Safran und 3 Eier einrühren, die Mischung abkühlen lassen.

3. In einem anderen Topf das Olivenöl erhitzen. Sellerie, Karotten und Zwiebeln darin goldbraun anschwitzen. Dann das Hackfleisch zugeben und kräftig anbraten, mit ½ Glas Rotwein ablöschen, mit salzen und pfeffern, dann das durchgesiebte Mehl einrühren.

4. Passata unterrühren und das Ganze bei geringer Temperatur etwa 1 Stunde köcheln lassen.

5. In einem dritten Topf die Erbsen ein paar Minuten in kochendem Salzwasser blanchieren, abgießen und 1 Stück Butter hinzufügen. Wenn die Mischung für die Füllung fertig gekocht ist, die Erbsen hinzufügen und die Mischung abkühlen lassen.

6. Die Reismischung in Kugeln mit einem Durchmesser von 5 cm formen. Mit dem Daumen in jede Kugel eine Vertiefung drücken, die Füllung hineingeben, einen Würfel Caciocavallo oder Mozzarella hinzufügen, Reisteig zudrücken und zum festen Verschließen rollen.

7. Die restlichen Eier verquirlen, 1 Prise Salz dazugeben und jeden Reisball erst in der Eimischung, dann in den Semmelbröseln wälzen.

8. Das Erdnuss- oder Sonnenblumenöl in einen Topf füllen, der tief genug ist, damit das Öl die Reisbälle bedeckt, oder in eine Fritteuse geben. Darauf achten, dass der Topf nur zu einem Drittel mit Öl gefüllt ist, da es sonst überspritzt. Die Reisbälle in dem heißen Öl bei mittlerer Temperatur 4–5 Minuten frittieren. Wenn nicht alle Reisbälle in den Topf/die Fritteuse passen, portionsweise frittieren. Das Öl muss vor dem Zugeben der Reisbälle immer wieder sehr heiß sein. Es sollte zischen, wenn die Reisbälle mit dem Öl in Kontakt kommen.

9. Wenn die Reisbälle fertig sind, auf Küchenpapier abtropfen lassen, mit Salz bestreuen und servieren.

Tipp

Arancini können auch anders gefüllt werden, zum Beispiel mit Schinken, Ricotta und Spinat oder mit Lachs.

ALICI NELL'ORTO
Sardellen mit saisonalem Gartengemüse

Schon seit Jahrhunderten werden Sardellen – das »Gold« der Amalfi-Küste – in der Bucht von Cetara gefischt. Sie sind die Hauptzutat in Kreationen wie colatura di alici *(eine äußerst beliebte regionale Fischsauce)* und auch in diesem hübschen Antipasto, das von Mimmo di Raffaele im Hotel »Belmond Caruso« serviert wird. Das Restaurant befindet sich in einem Palast aus dem 11. Jahrhundert auf den Klippen der Küstenstadt Ravello.

Koch //
Mimmo di Raffaele
Ort //
Hotel »Belmond Caruso«, Ravello

Alici gibt es in ganz Italien. »Aber unsere Gegend ist dafür besonders berühmt«, sagt Küchenchef Mimmo di Raffaele, »zu den Sardellen aus der Bucht von Cetara sagt man, dass sie das ›Gold‹ unserer Gewässer sind; sie werden in vielen typischen Gerichten der Region verarbeitet. Ich serviere sie mit frischen Gemüsen, je nachdem, was gerade Saison hat. Dieses Gericht ist ein Fest der Farben des Küchengartens im Frühling – mit den strahlenden Grüntönen von Dicken Bohnen, Erbsen, Spargel und Zucchini.«

Wie die Stadt Ravello selbst ist das Gericht fein und edel, sorgfältig gestylt und hübsch wie eine Postkarte. Aber di Raffaele betont, dass es nicht so kunstvoll arrangiert sein muss. »Dieses Gericht kann so einfach sein, wie man möchte. Die Sardellen brauchen nur von zwei oder drei Gemüsen begleitet werden, in Scheiben geschnitten und präsentiert, wie man gerade Lust hat. Man muss nur vermeiden, dass der Fisch von etwas anderem völlig überlagert wird, also sollte alles nur leicht und schnell gegart werden, damit der besondere Geschmack jeder Zutat erhalten bleibt.«

Der locker-lässige Koch di Raffaele ermutigt dazu, mit den Gemüsen zu experimentieren, eine Mischung aus rohen, gekochten und blanchierten Gemüsen auszuprobieren – je nachdem, welche Zubereitungsart zu dem passt, was man gerade da hat. »Was ich nehme, hängt davon ab, was die regionalen Bauern und Lieferanten mir bringen. Wenn zum Beispiel die Dicken Bohnen gut sind, bereite ich das Püree zum Gericht eher damit als mit Erbsen zu. Es ist ein spontanes Rezept, diktiert von dem, was im Garten gerade wächst. So koche ich gern. Sogar bei einem einfachen Gericht wie *spaghetti pomodoro* koche ich die Zutaten nicht zu lange. Ich nehme drei oder vier verschiedene Tomatenarten, um eine Bandbreite von Säure und Süße zu bekommen und damit die Aromen zu kontrastieren und einander zu ergänzen.«

ALICI NELL'ORTO
Sardellen mit saisonalem Gartengemüse

Für 4 Portionen
Zubereitungszeit: 3 Stunden
30 Minuten

Für die Gemüsebrühe
1 Stange Lauch, geputzt
1 große Tomate
1 Stange Sellerie, geschält
1 Zwiebel
1 Knolle Fenchel, geputzt
1 Karotte, geschält
1 Knoblauchzehe
2 frische Lorbeerblätter
Salz
frisch gemahlener schwarzer Pfeffer

Für die saisonalen Gemüse
200 g Sardellen
180 ml natives Olivenöl extra
Salz
frisch gemahlener schwarzer Pfeffer
1 Zwiebel, gehackt
120 g Erbsen oder gepalte Dicke Bohnen
120 g Brokkoli, geputzt
60 g Babymais
200 g Karotten, geschält
2 Artischocken, geputzt
80 g Rettich, geschält
100 g Blumenkohl, geputzt
140 g Zucchini, geputzt
100 g blaue Kartoffeln, geschält
1 Stange Lauch, geputzt
160 g Spargel, geschält
80 g Zuckererbsen
150 g Fenchel, geschält
180 g Cherrytomaten
1 Prise Zitronen- oder Orangenschale
saisonale frische Kräuter nach
 Geschmack
etwas Puderzucker
Saft von 1 Zitrone

1 Für die Gemüsebrühe Lauch, Tomate, Sellerie, Zwiebel, Fenchel und Karotte waschen und im Ganzen mit dem Knoblauch, den Lorbeerblättern, Salz, Pfeffer und 800 ml Wasser in einen Suppentopf geben. Zum Kochen bringen und bei geringer Temperatur etwa 2 Stunden köcheln lassen, dabei ab und zu Schaum von der Oberfläche abschöpfen. Die Temperatur ausschalten und 20 Minuten stehen lassen, dann durch ein Mulltuch abgießen und die gefilterte Brühe beiseitestellen.

2 Den Backofen auf 180 °C Ober-/Unterhitze vorheizen. Die Sardellen filetieren, mit etwas Olivenöl beträufeln und mit Salz und Pfeffer bestreuen. Ein paar Sekunden im vorgeheizten Backofen backen.

3 Für das Püree die gehackte Zwiebel in 1 EL Olivenöl anschwitzen. Erbsen und die beiseitegestellte Gemüsebrühe hinzugeben. 10 Minuten kochen, dann pürieren und mit Salz abschmecken. Wenn man das Püree mit Dicken Bohnen zubereitet, diese ein paar Minuten kochen oder in Fett anschwitzen, dann sofort in Eiswasser geben und anschließend genauso wie mit den Erbsen verfahren.

4 Alle saisonalen Gemüse (bis auf die Tomaten) in dünne Streifen schneiden.

5 Die Tomaten ein paar Sekunden in kochendem Salzwasser blanchieren und dann sofort in eine Schüssel mit kaltem Wasser und Eis legen. Die Haut von den Tomaten abziehen und die Tomaten zum Trocknen auslegen. Mit zerkleinerter Orangen- oder Zitronenschale, saisonalen Kräutern nach Wahl und etwas Puderzucker bestreuen.

6 Die in Streifen geschnittenen Gemüse in kochendem Salzwasser 2 Minuten blanchieren, dann in einer Schüssel mit kaltem Wasser und Eis abkühlen lassen.

7 Alle Gemüse mit Olivenöl, Salz und dem Erbsenpüree dressieren, auf einem Teller anrichten. Die Sardellen dazulegen. Das Ganze noch mit etwas Olivenöl und Zitronensaft beträufeln, mit Salz bestreuen und servieren.

> »Essen ist wie das Leben: Es braucht Geschmack und Kontraste. Dieses Gericht ist dafür ein großartiges Beispiel. Einige Aromen ergänzen einander und andere kontrastieren sich, einige sind intensiv, während andere zart und natürlich sind.«
>
> *Mimmo di Raffaele*

LA STIGGHIOLA
Gegrillte Thunfisch-Tintenfisch-Röllchen

Das ist eine Variante eines klassischen sizilianischen Streetfoods, die anstatt mit Lamm mit Thunfisch gemacht wird. Kreiert hat sie der innovative Koch Tony Lo Coco, Küchenchef in dem mit einem Michelin-Stern ausgezeichneten Restaurant »I Pupi« im sizilianischen Küstenort Bagheria.

An den am Meer gelegenen Ausläufern von Bagheria baute im 18. Jahrhundert die Aristokratie Palermos ihre prachtvollen Ferienpaläste, doch auch heute noch ist der weitläufige Vorort eine Hochburg für feine Fisch- und Meeresfrüchtegerichte. Und der König unter den Fischen, die hier traditionell zubereitet werden, ist der Thunfisch. Siziliens jährliche Thunfischjagd oder *mattanza* gab es schon bei den Karthagern und Phöniziern, Jahrhunderte vor Christus – eine gemeinschaftliche Jagd, die erst in den vergangenen Jahrzehnten eingestellt wurde.

Einst gab es an Siziliens Küsten fast 100 *tonnare* – Schlachthäuser für den jahreszeitlichen Thunfischfang. Diese Häuser sind heute zum großen Teil in Galerien, Restaurants oder Wohnhäuser umgewandelt – die beinahe letzten Spuren dieser alten, berüchtigten Praxis des Thunfischfangs. Die in Bagherias Restaurant »I Pupi« servierte *stigghiola* ehrt sowohl den Thunfisch – dessen Fang heute strengen Gesetzen und Quoten der Europäischen Union unterliegt – als auch eines der in Palermo beliebtesten Streetfood-Gerichte.

»Ich mache diese Variante der *stigghiola* mit Kalamari, Sepia oder Oktopus, Thunfisch, Frühlingszwiebeln und Petersilie«, sagt Tony Lo Coco, »es wird jetzt in ganz Italien serviert. Ich habe es sogar hoch im Norden in einem Restaurant in Bergamo gesehen.«

Das Restaurant »I Pupi« wird von diesem energiegeladenen Koch geleitet, der sich seine Kochkünste selbst beigebracht hat. »Ich war nicht an Kochschulen«, sagt Toni, »meine Lehrer sind die Fischer, die Bauern, die Leute aus der Umgebung, von denen ich meine Ware bekomme. Jeden Morgen gehe ich los und kaufe frische Produkte direkt bei ihnen – ihr Wissen, ihre Geschichten, ihre Erinnerungen daran, wie früher bestimmte Gerichte zubereitet wurden, inspirieren mich und geben mir neue Ideen für meine Küche.«

Tony kocht gern mit Schweinefleisch und sieht im Thunfisch so etwas wie »die Schweine des Meeres« – allesfressende, säugetierähnliche Tiere, die ein ähnliches Gewicht wie Schweine erreichen, mit Fleisch, das eine ähnliche Textur und einen ähnlichen Fettgehalt hat. »Wie Schweinefleisch wird das Fleisch sehr gut auf dem Holzkohlegrill – das ist der Schlüssel zum Erfolg dieses Rezepts: Ich grille den Thunfisch über Holzkohle, um ihm das entscheidende Räucheraroma zu geben, genauso, wie man es an einem Streetfood-Stand erwarten würde.«

Koch //
Tony Lo Coco
Ort //
Restaurant »I Pupi«, Bagheria

LA STIGGHIOLA
Gegrillte Thunfisch-Tintenfisch-Röllchen

Für 4 Portionen
Zubereitungszeit: 20 Minuten

60 g Oktopus (alternativ Kalamari oder Sepia)
160 g Thunfischfilet
1 Frühlingszwiebel, geputzt und in kleine Ringe geschnitten
1 kleines Bund frische Petersilie, Blättchen abgezupft
natives Olivenöl extra
Saft von 1 Zitrone
Salz

1. Den Oktopus in lange, etwa 2,5 cm breite Streifen schneiden und diese mit einem Fleischklopfer klopfen, bis sie weich und etwa 2 mm stark sind.

2. Das Thunfischfilet in lange Streifen von 2,5 cm Breite schneiden, darauf die klein geschnittene Frühlingszwiebel und die Petersilienblättchen legen, dann das Ganze in Oktopus-Streifen einwickeln.

3. Eine Pfanne (am besten antihaftbeschichtet) erhitzen (oder den Grill anheizen) und die Rollen darin auf beiden Seiten je 3–4 Minuten braten, dann mit Olivenöl und Zitronensaft beträufeln und salzen. In mundgerechte Stücke schneiden und servieren.

CAVATELLI CON CECI NERI LUCANI A PROFUMO DI ROSMARINO

Cavatelli mit schwarzen Kichererbsen und Rosmarin

Diese einfachen, ausgehöhlten, kleinen »Muscheln« sind die einfachsten der Bauernpasta, die kein anderes Werkzeug benötigen als die Finger. Das Grundgericht der nonna-Küche (Großmutterküche) isst man in der ganzen Basilikata-Region. Im Restaurant »Le Botteghe« in Matera wird die traditionelle Pasta mit den geschmackvollen schwarzen Kichererbsen der Region serviert.

Köche //
Nicola Casamassima und Francesco Ambrosecchia
Ort //
Restaurant »Le Botteghe«, Matera

Roh sehen die Zutaten für dieses Gericht aus, als kämen sie direkt aus den rauen, windumtosten Bergen der Provinz Matera: frische *cavatelli* (ausgehöhlt) aus dunklem Hartweizenmehl und *ceci neri*, schwarze Kichererbsen, die vor dem Einweichen unscheinbar wie kleine Kieselsteine aussehen. Aber sobald man Wasser hinzugibt – eine wertvolles Gut in diesem trockenen Teil Italiens –, beginnt ein neues Leben. Die *cavatelli* blähen sich zu etwas Ähnlichem wie dicken Gnocchi auf und das Volumen der kleinen Kichererbsen wächst auf geradezu magische Art.

Nicola Casamassima und Francesco Ambrosecchia kochen dieses traditionelle Rezept im Restaurant »Le Botteghe« in Matera. Das Rezept verlangt, die Kichererbsen 24 Stunden in ungesalzenem Wasser mit nicht mehr als einem Lorbeerblatt einzuweichen und dann beim Kochen Rosmarin hinzuzugeben. Doch wenn man die durch die Zubereitung verwandelten kleinen Kichererbsen isst, würde man schwören, dass sie in einer Fleischbrühe gekocht wurden, so stark ist ihr Umami-Aroma. Innen sind sie nach dem Kochen weich, aber außen haben sie noch Biss. Diese schwarzen Kichererbsen kommen aus der Gegend um Murgia in der Basilikata-Region, gehören aber in Ländern wie Äthiopien und Indien zu den Grundnahrungsmitteln. Findet man sie also nicht im italienischen Lebensmittelgeschäft, kann man es in Läden für afrikanische oder indische Lebensmittel versuchen.

Wenn sie serviert werden, stecken die kleinen Kichererbsen hübsch in den Höhlungen der *cavatelli*, fast wie Erbsen in der Hülse. Ob das so ist, hängt allerdings mit der Größe der Pasta zusammen. Die *cavatelli* aus Matera werden als *di due diti* (von zwei Fingern) bezeichnet, da sie mit zwei Fingern geformt werden. In anderen Orten der Provinz sind sie kleiner oder größer, werden mit einem Finger oder mit dreien hergestellt. Aber die geschmackvollen Kichererbsen brauchen nicht unbedingt mit Pasta serviert werden, oft kombiniert man sie mit anderen Hülsenfrüchten zu einer *crapiata*, einer Suppe aus Hülsenfrüchten und Getreide, die traditionell während der Bohnenernte im August in Matera gegessen wird.

Anlässlich des Dorffestes gibt jede Bauernfamilie für diese Suppe einen kleinen Teil ihrer Ernte in einen gemeinschaftlichen Topf – Dicke Bohnen, Borlotti-Bohnen, Kichererbsen und *cicerchia* (Saat-Platterbse, die sonst vor allem als Viehfutter verwendet wird) –, in dem dann das Essen für das Fest zubereitet wird. Noch heute existiert diese Tradition in dem kleinen Dörfchen La Martella in der Provinz Matera.

CAVATELLI CON CECI NERI LUCANI A PROFUMO DI ROSMARINO

Cavatelli mit schwarzen Kichererbsen und Rosmarin

Für 4 Portionen
Zubereitungszeit: 20 Minuten plus Einweichzeit über Nacht und Pasta-Herstellung

200 g schwarze, getrocknete Kichererbsen
3 frische Lorbeerblätter
Salz
2 EL natives Olivenöl extra
1 Knoblauchzehe
1 Bund halb getrockneter Rosmarin, Nadeln abgezupft
10 Cherrytomaten, in Viertel geschnitten
400 g frische Cavatelli
Salz

Für die frische Pasta
400 g Semolina-Mehl plus etwas für die Arbeitsfläche
1 Prise Salz

1. Die Kichererbsen 24 Stunden in kaltem Wasser einweichen, dann unter fließendem Wasser gut abspülen.

2. Die Kichererbsen mit den Lorbeerblättern in frischem Wasser bei geringer Temperatur 3 Stunden köcheln lassen. Erst wenn sie gar sind, salzen, sonst wird die Schale durch das Salz hart und bleibt auch so. Wenn die Kichererbsen fertig gekocht sind, sollen sie weich sein, nicht al dente. Dann 1 EL Olivenöl einrühren.

3. Im restlichen Olivenöl bei geringer Temperatur die ganze Knoblauchzehe und den Rosmarin anschwitzen. Wenn der Knoblauch gebräunt ist, die Zehe herausnehmen und die Tomaten zum aromatisierten Öl geben.

4. Wenn die Tomaten weich sind, die Kichererbsen dazugeben. Bei geringer Temperatur 10 Minuten köcheln lassen.

5. Gleichzeitig die Pasta in viel kochendem Salzwasser garen. Wenn es frische Pasta ist, ist sie in ein paar Minuten, oder wenn sie an die Oberfläche steigt, fertig.

6. Die Pasta abgießen, gut abtropfen lassen und in den Topf zu den Kichererbsen geben. Ein paar Minuten kochen und mit etwas darübergeträufeltem Olivenöl servieren.

Für die Pasta

1. Den Teig nach der Anleitung für Pasta-Teig ohne Ei auf Seite 264 herstellen.

2. Für die Cavatelli den Teig in Stücke teilen und jeden Teil auf einer bemehlten Arbeitsfläche in eine lange, etwa 2 cm dicke Wurst rollen.

3. Jede Wurst in Stücke von der Länge von zwei Fingern schneiden.

4. Mit zwei Fingern die Pastastückchen mit einer Bewegung so zu sich ziehen, dass eine Form etwa wie bei den Orecchiette entsteht, aber anders als bei Orecchiette wird die Pasta nicht wieder entfaltet.

Beilagenvorschlag

Einen tollen Kontrast zu den erdigen Farben dieses Gerichts bildet das intensive Rot und Orange eines traditionellen Salats namens peperoni cruschi *(sonnengetrocknete süße Paprikaschoten aus der Region Lukanien) mit frischen Orangenstücken und etwas Safran.*

PIZZA A PORTAFOGLIO
Pizza zum Zusammenklappen

Während Streetfood in der Welt gerade einen Boom erlebt – mit Verkaufswagen, die Hotdogs, und Imbissständen, die Pulled Pork anbieten –, kann Neapel für sich beanspruchen, für viele dieser hippen Streetfoods die Vorlage zu sein. Die Streetfood-Tradition der Stadt reicht Jahrhunderte zurück. Am besten zum Mitnehmen geeignet ist die *pizza a portafoglio* (wörtlich »Brieftaschen-Pizza«).

Jeder weiß, dass Neapel die Heimat der Pizza ist, aber nicht viele denken beim Lieblingsimbiss der Stadt an ihre Gesäßtasche. Aber die *pizza a portafoglio* bekommt man zusammengeklappt im »Brieftaschenstil«, eine sehr vernünftige Art, den mit schmelzendem Käse belegten Brotteig für unterwegs zuzubereiten. Diese etwas kleinere und eher sparsam belegte Pizza serviert Antonio Tommasino in Neapels Pizzeria »Bellini«, seit den 1940er-Jahren eine von der Familie geführte Institution in der Stadt.

Während Neapel zweifellos viele ausgezeichnete und mit Lob und Preisen versehene Restaurants hat, ist es doch für sein Streetfood am bekanntesten. Auch diese schnellen Bissen lassen es an Geschmack und Stil nicht fehlen und legen die Messlatte für kulinarische Qualität hoch. In den meisten Hafenstädten findet man eine rege Streetfood-Szene, die die hungrigen Seeleute und Hafenarbeiter rund um die Uhr verpflegt. Doch Neapels Snacking-Erbe reicht weiter zurück als seine Seefahrtsgeschichte. Schon seit Neapel im Römischen Reich zu einer gern besuchten Gartenstadt wurde, haben arme Leute in den Straßen einfache Snacks wie *taralli* (Brotstangen) und sogar mit Creme gefüllte *sfogliatelle* (Hummerschwanzgebäck) verkauft.

Die Pizza wurde erst später geboren, als eine aufgepeppte Variante des römischen Fladenbrots oder der Focaccia, die hier seit den 1900er-Jahren gegessen wurde, aufkam. Die klassische neapolitanische Pizza mit Tomaten und Mozzarella wurde weltweit zum Inbegriff italienischer Pizza und ist auch die beliebteste Wahl für eine *pizza a portafoglio*. Aber Antonio Tommasino serviert Pizza zum Zusammenklappen auch als *marinara* (mit Sardellen) und eine frittierte Version, *pizza fritta*, mit zwei Lagen Teig, die sich wie ein Kissen aufbauschen. In ihr kann man mehr Zutaten unterbringen – Ricotta, Provolone, Ragout –, die darin sicher eingehüllt sind. Bis man hineinbeißt natürlich … Für die *pizza a portafoglio* ist zum Servieren eine Serviette empfehlenswert.

Koch //
Antonio Tommasino
Ort //
Pizzeria »Bellini«, Neapel

PIZZA A PORTAFOGLIO
Pizza zum Zusammenklappen

Für 4 Pizzen
Zubereitungszeit: 1 Stunde plus 2 Stunden Ruhezeit für den Teig

Für den Pizzateig
30 g Salz
1 kg italienisches Hartweizenmehl (Tipo 00)
20 g frische Hefe

Für den Belag
120 g Cherrytomaten
300 g Mozzarella, in kleine Stücke geschnitten
2–3 EL natives Olivenöl extra

1. Den Backofen auf 200 °C Ober-/Unterhitze vorheizen.

2. 1 l Wasser und Salz vermischen, bis das Salz aufgelöst ist. Mehl und Hefe in eine Schüssel geben, dann nach und nach das gesalzene Wasser hinzugeben und mit den Händen alles vermengen.

3. Den Teig kneten, bis er nicht mehr an den Händen kleben bleibt – dann ist er fertig.

4. Den Teig mit einem sauberen, feuchten Tuch abgedeckt 2–3 Stunden an einem luftigen Ort gehen lassen.

5. Wenn der Teig genügend aufgegangen ist (er sollte dann doppelt so groß geworden sein), können die Pizzen geformt werden: immer von der Mitte beginnen und mit den Händen nach außen arbeiten.

6. Die Tomaten halbieren und mit den Mozzarellastücken auf den Teig legen. Das Ganze mit Olivenöl beträufeln.

7. Im Ofen 25 Minuten backen, dann nach Geschmack mit noch etwas Olivenöl beträufeln.

LINGUINE CON RICCI DI MARE
Seeigel-Linguine

Seeigel sind die pieksenden Könige von Apuliens crudo (roher) Esskultur. Zwar sehen sie aus, als möchte man sie um nichts in der Welt zum Mund führen, aber wenn die stachelige Schale erst einmal aufgebrochen ist, bietet das Innere ein samtweiches oranges Fleisch. Man isst es am besten wie eine Auster und stippt die Sauce nach italienischer Art mit einem Stück Brot auf; das heiß hier fare la scarpetta (wörtlich: »einen kleinen Schuh machen«).

Einwohner Apuliens essen die frischesten Fänge *crudo* (roh), eine Esskultur für Fische und Meeresfrüchte, die aus der Hauptstadt Bari kommt und zum Beispiel Oktopus, Garnelen, Seeigel und hauchdünne Scheiben regionaler Fische einschließt.

Die Stachelhäuter *ricci di mare* sind ein Symbol der unverdorbenen, zerklüfteten Küsten von Italiens Süden, man findet sie entlang der felsigen Ufer und am Meeresboden. Sie sind eine wichtige Erwerbsgrundlage von Gallipoli, einer Stadt mit einem Fort aus alten Zeiten an Apuliens südwestlicher Küste. Hier gibt es sogar eine Statue eines Seeigels, die sich im Hafen über dem Wasser erhebt.

Hinter den meisten Verkaufsständen für *ricci* auf Gallipolis Fischmarkt stehen ehemalige Seeleute, die früher auf den Ausflugsdampfern oder den Militärschiffen arbeiteten, die aus Apuliens Häfen in Richtung Mittelmeer oder in fernere Gewässer aufbrachen. Alle diese Männer haben Geschichten zu erzählen, die reich, reif und salzig sind wie die Meeresfrüchte, die sie verkaufen. Nicht so Mimmo Faenza.

»Ich fahre jeden Tag hinaus oder jedenfalls jeden Tag, den ich kann«, sagt er kurz. »Gestern war nicht gut«, meint er und zuckt die Achseln, »morgen wird es besser.« Dieser wortkarge Mann hat 40 Jahre lang an Apuliens Küsten gefischt. Er ist jetzt 60 und taucht nicht mehr selbst nach den Meeresfrüchten, sondern arbeitet mit seinen zwei Söhnen zusammen, die mit Sauerstofftanks ausgestattet in einer Tiefe von 20 Metern die Grundlage für ihren Lebensunterhalt fangen. Aber an manchen Orten, zum Beispiel in der nahe gelegenen sandigen Bucht Santa Maria al Bagno, kann man die Seeigel nur ein paar Meter unter der Wasseroberfläche sehen.

Oft löffelt man die *ricci* einfach aus wie eine Auster oder man isst sie mit einem Stück Brot, aber sie werden auch mit Pasta serviert. »Am besten für dieses Gericht ist eine lange Pasta – Spaghetti oder Linguine«, sagt Koch Mario Ezzat von Santa Marias Restaurant »La Pergola«, von dem aus man den Strand überblickt, »sie halten die Sauce besser. Vielleicht sind sie schwerer in der Pfanne zu bewegen und brauchen eine längere Garzeit als eine kurze oder frische Pasta, aber sie sind nun mal die besten für *ricci*.«

Koch //
Mario Ezzat
Ort //
Restaurant »La Pergola«, Santa Maria

LINGUINE CON RICCI DI MARE
Seeigel-Linguine

**Für 4 Portionen
Zubereitungszeit:
15 Minuten**

100 g natives Olivenöl extra plus etwas zum Beträufeln

frische rote Chilischoten nach Geschmack, entkernt und klein geschnitten

2 Knoblauchzehen

4 Cherrytomaten, klein geschnitten

100 g Seeigelfleisch (ohne Schale; erhältlich bei einem guten Fischhändler)

400 g Linguine

Salz

1 In einer Pfanne das Olivenöl erhitzen. Chilistücke und die ganzen Knoblauchzehen darin bei mittlerer Temperatur goldbraun anschwitzen.

2 Wenn die Knoblauchzehen goldbraun ist, aus dem Öl nehmen und entsorgen.

3 Tomatenstücke hinzufügen und 1 Minute kochen. Vom Herd nehmen und das Seeigelfleisch hinzugeben.

4 Gleichzeitig die Pasta in kochendem Salzwasser nach Packungsanweisung garen. 1 Minute, bevor sie al dente ist, nicht abgießen, sondern mit einem großen Schaumlöffel in den Topf mit der Sauce schöpfen. Auf die Art wird die Sauce mit etwas Pasta-Kochwasser verlängert.

5 Alles vermengen – die Pasta gart in der letzten Minute in der Sauce – und mit etwas darübergeträufeltem Olivenöl servieren.

»Italienisches Essen ist so wunderbar vielseitig. Jede Region hat ihre eigene Kultur, die am besten durch ihr Essen ausgedrückt wird – jedes Dorf, sogar jedes Familienrestaurant. Hier in Santa Maria al Bagno essen wir das Gemüse, das am Straßenrand von der Ladefläche kleiner Lieferwagen verkauft wird, und Fisch und Meeresfrüchte kommen direkt aus dem Meer. Und wir essen immer nur, was gerade Saison hat.«

Mario Ezzat

POLPO ALLA PIGNATA

Oktopus mit Tomaten, Kräutern und Kartoffeln

Der Oktopus ist ein starkes Wahrzeichen des apulischen Meeres. Man findet ihn auf den meisten Speisekarten der Provinz Apulien. Es gibt viele Arten, seine Tentakeln zuzubereiten, aber die verbreitetste ist die, die hier von Antonella De Vitis, Köchin im Restaurant »Antico Monastero« in Felline, gezeigt wird: für polpo alla pignata wird der Oktopus mit frischen Tomaten und aromatischen Kräutern zubereitet.

Dieses Oktopus-Gericht hat die warmen Farben des Sommers, findet Antonella De Vitis. Den Weichtieren mit den langen Gliedmaßen ist sogar ein Fest gewidmet, das im August im von der Sonne verwöhnten Apulien stattfindet. »Aber man kann den Oktopus das ganze Jahr über mit verschiedenen Sorten kochen – zum Beispiel mit den kleinen *moscardini* oder den weichen sizilianischen, wenn unsere keine Saison haben.«

»Für dieses Rezept gibt es viele Varianten«, sagt Antonella, »ich nehme am liebsten frische Kräuter, vor allem Thymian, der hier am Strand wächst.« Antonella und ihr Ehemann Massimo eröffneten das »Antico Monastero« vor 16 Jahren. »Früher waren die Restaurants hier in der Gegend alle in Strandnähe«, erzählt Antonella, »es waren nette Orte, um dort im Sommer das Mittagessen einzunehmen. Aber wir wollten etwas anderes, etwas, wo die Gäste wegen des Geschmacks des Essens wiederkommen. Alle dachten, wir wären verrückt, als wir ein Restaurant im Landesinneren eröffneten.«

Doch dann begann mit dem »Antico Monastero«, zu dem man vom Strand aus zehn Minuten fährt, ein neuer Trend. Fellines kleine Piazza ist heute von Restaurants gesäumt, die im Sommer die Leute auf dem Weg zum Strand versorgen, in denen im Winter aber auch die Einheimischen essen. Für Antonellas Oktopusgericht kommen alle Zutaten aus der Region. Die Kartoffeln wachsen in der reichen, roten Erde im Schatten jahrhundertealter Olivenbäume und am Horizont sieht man die charakteristischen *trulli*, Rundhäuser mit konischen Dächern. Der Oktopus kommt von drei Familien aus Felline, darunter Antonio Sansò, der wie sein Vater und sein Großvater seinen Lebensunterhalt mit dem Fischen verdient.

»Wir sind eine Provinz der Fischerei und der Landwirtschaft«, sagt Antonella, »aber in den vergangenen Jahrzehnten wollten die jungen Leute diese Arbeit nicht mehr machen, sie sind in die Städte gezogen und haben im Tourismus gearbeitet. In letzter Zeit kommen sie wieder zurück, auch wenn sie die Sachen anders angehen – mit Bio- und Gemeinschaftsprojekten und Slow Food. Ich habe vor, ein Netzwerk von Küchengärten zu gründen, in denen Jugendliche aus der Gegend arbeiten können. Was dort wächst, kann in den Restaurants verwendet werden. Wir haben so viel Land, aus dem man zu einem guten Zweck Nutzen ziehen sollte.«

Köchin //
Antonella De Vitis
Ort //
Restaurant »Antico Monastero«, Felline

POLPO ALLA PIGNATA

Oktopus mit Tomaten, Kräutern und Kartoffeln

Für 4 Portionen
Zubereitungszeit: 1 Stunde 30 Minuten

1 ¼ kg Oktopus
100 ml natives Olivenöl extra
80 g Zwiebeln, klein geschnitten
3 Knoblauchzehen, gehackt
70 ml trockener Weißwein
2 frische Lorbeerblätter
1 Zweig frischer Thymian, Blättchen abgezupft
1 Stängel frischer Oregano, Blättchen abgezupft
frisch gemahlener schwarzer Pfeffer
Salz
500 g kleine Cherrytomaten
200 g Passata (siehe Seite 265)
300 g vorwiegend festkochende Kartoffeln, geschält und gewürfelt
1 Stängel frische Petersilie, Blättchen abgezupft und gehackt

»Unsere ältesten Olivenbäume sind wie Skulpturen, mit Stämmen, die sich spalten, und Zweigen, die in sich verdreht sind.«

Antonella De Vitis

1. Falls man einen ganzen Oktopus gekauft hat, den Kopf umstülpen und die Innereien entfernen und entsorgen. Schnabel und Augen ausschneiden und den Oktopus gut waschen.

2. In Stücke schneiden, die groß genug sind, um beim Kochen nicht zu winzigen Stücken zusammenzuschrumpfen. Sie müssen nicht alle gleich groß sein, aber etwa 5 cm lang und 2,5 cm breit.

3. Für die Sauce das Olivenöl in einer Pfanne mit hohem Rand bei hoher Temperatur erhitzen, darin die Zwiebel und den Knoblauch anschwitzen. Wenn sie anfangen zu rauchen, das Oktopusfleisch hinzufügen.

4. Nach ein paar Minuten sollte das Fleisch seine eigenen Säfte freisetzen. Wenn es so weit ist, den Wein angießen und die Mischung bei hoher Temperatur kochen, sodass die Flüssigkeit fast blubbert.

5. Wenn der Wein verdunstet ist (besser überprüfen, ob der Geruch nach Alkohol verschwunden ist, als die Flüssigkeit als Maßstab zu nehmen), die Temperatur auf niedrige bis mittlere Stufe reduzieren.

6. Nun die ganzen Lorbeerblätter und die Thymian- und Oreganoblättchen dazugeben. Mit Pfeffer und – wenn nötig – Salz abschmecken.

7. Die Cherrytomaten im Ganzen und die Passata hinzufügen. Dann etwa 250 ml Wasser dazugeben, sodass die Tomaten zur Hälfte mit Flüssigkeit bedeckt sind. Die Sauce zum Kochen bringen und dann bei geringer Temperatur köcheln lassen.

8. Nach 30 Minuten die gewürfelten Kartoffeln (2,5 cm große Stücke) in die Sauce geben, das restliche Wasser hinzufügen. Das Ganze nochmals 30 Minuten köcheln lassen oder bis der Oktopus gar und weich ist.

9. Mit frischer Petersilie bestreut servieren.

Tipp

Ursprünglich kochte man dieses Gericht mehrere Stunden auf und dann nahe einem Holzfeuer, damit der Oktopus weich wurde. Sind die Tomaten hinzugefügt, sollte das Gericht also langsam bei geringer Temperatur gekocht werden.

GNOCCHI DI PANE AL PESTO DI OLIVE NERE E PECORINO
Brot-Gnocchi mit Pesto aus schwarzen Oliven und Pecorino

In diesem Gericht sind einige der in Apulien allgegenwärtigen Zutaten vereint: schwarze Oliven, Pecorino und Olivenöl. Die einfachen Brot-Gnocchi stehen auf der Speisekarte der Trattoria »La Tana« in Martina Franca. Die Stadt liegt auf einem Hügel, von dem aus man einen überwältigenden Blick über das Itriatal mit seinen ordentlich angelegten Feldern und den für die Region typischen trulli mit ihren konischen Dächern hat.

Koch //
Nicola Colucci
Ort //
Trattoria »La Tana«, Martina Franca

Leicht könnte man denken, dass der Blick von Martina Francas Stadtmauer aus dem 14. Jahrhundert über das Itriatal großartiger wäre als die Ansichten innerhalb der Stadt. Die Stadt liegt auf einem sich abrupt aus der Ebene erhebenden, spitz zulaufenden Hügel, dessen Form einem der für die Region so typischen *trulli*-Häuser mit ihren konischen Dächern ähnelt. Von hier oben eröffnet sich eine Panoramasicht über das flache, furchtbare Land mit Ansammlungen dieser *trulli*-Häuser. Ihre trockenen Steinwände haben eine fast biblische Anmut, auch wenn die weißen Symbole, die auf ihre Dächer gemalt sind – Halbmonde, Vögel und Sterne – eher auf heidnische Traditionen schließen lassen.

Betritt man Martina Franca jedoch durch die Porta di Santo Stefano – den alten Eingang zur Stadt –, eröffnen sich einem ebenfalls großartige Blicke auf eine barocke, reich mit Ornamenten geschmückte Architektur, eine prachtvolle Basilika und den weitläufigen Palazzo Ducale aus dem 16. Jahrhundert, dessen ehemalige Pferdeställe eines der schönsten Restaurants der Stadt beherbergen: »La Tana«. Die einzigen Tiere, die es heute hier gibt, kommen gut gewürzt, geräuchert, gebraten oder gekocht auf den Tisch. Dazu gehört Martina Francas mit einem DOP-Prädikat ausgezeichneter *capocollo*, ein Schinken in Wurstform aus getrocknetem Fleisch vom Schweinenacken, das gesalzen, in *vincotto* (gekochter Weinmost) mariniert, in Naturdärme abgefüllt, dann mit vielen Ingredienzen geräuchert und schließlich luftgetrocknet wird.

Das Räucheraroma des *capocollos* wird in seiner Besonderheit nur vom ebenfalls speziellen regionalen Pecorino erreicht. »Für dieses Rezept nehme ich acht Monate alten Käse«, erklärt Nicola Colucci, »er hat einen intensiveren Geschmack als die jüngeren Arten und ist gut für diese Gnocchi.« Ein Bissen dieses pfeffrig-scharfen Schafskäses hinterlässt ein warmes Prickeln am Gaumen. »Und die«, sagt Nicola, während er auf ein Schälchen mit schwarzen Oliven zeigt, »werden nicht umsonst *inchiostro* (Tinte) genannt. Wenn man sie direkt aus dem Schälchen isst, färben sich die Zähne schwarz.«

Nicola wollte schon immer Koch werden. Als Teenager erlernte er den Beruf und begann mit 20 Jahren, als Koch zu arbeiten. Inzwischen führt er das »La Tana« seit 30 Jahren und serviert klassische apulische Gerichte, kreiert aber auch Neues mit den traditionellen Produkten der Region. Diese Gnocchi sind zwar kein an sich altes Rezept, entsprechen jedoch dem schlichten und häuslichen Geist der apulischen Küche. »Mit dem Gericht kann man Reste verwerten, um dafür zu sorgen, dass nichts weggeworfen wird: hart gewordenes, selbst gebackenes Brot, gealterten Käse und natürlich Oliven.«

GNOCCHI DI PANE AL PESTO DI OLIVE NERE E PECORINO

Brot-Gnocchi mit Pesto aus schwarzen Oliven und Pecorino

Für 4 Portionen
Zubereitungszeit: 30 Minuten

Für die Gnocchi
8 EL hartes geriebenes weißes Brot
4 EL Semolina-Mehl
1 Knoblauchzehe, abgezogen und gehackt
1 EL gehackte frische Petersilie
1 EL geriebener Pecorino
1 Ei (Größe M)
Salz
frisch gemahlener weißer Pfeffer

Für das Pesto
200 g schwarze Oliven ohne Stein
1 Knoblauchzehe, abgezogen
1 Bund frische glatte Petersilie, Blättchen abgezupft
200 ml natives Olivenöl extra aus Apulien
1 EL geriebener Pecorino plus etwas zum Bestreuen

Außerdem
natives Olivenöl extra aus Apulien
einige frische Petersilienblätter
Salz

1. Alle Zutaten für die Gnocchi mit so viel Wasser vermengen, dass ein homogener Teig entsteht. Einen Teigball daraus formen und behutsam ein paar Minuten rollen und kneten; falls er zu sehr klebt, etwas Mehl hinzufügen.

2. Den Teigball in vier Stücke teilen und diese jeweils in Würste von etwa 2,5 cm Durchmesser rollen. Davon kleine Gnocchi abtrennen – etwas länger als breit.

3. Die Gnocchi mit dem Daumen quer über eine Gabel rollen, sodass die Zinken ein Muster hinterlassen. Gnocchi 10 Minuten ruhen lassen.

4. Alle Zutaten für das Pesto in einen Mixer geben und mixen, bis eine cremige Konsistenz entstanden ist.

5. Gnocchi 3–4 Minuten in kochendem Salzwasser garen, bis sie an die Oberfläche steigen, dann abgießen, dabei ein paar Esslöffel des Gnocchi-Wassers auffangen.

6. In einem anderen Topf das aufgefangene Gnocchi-Wasser, etwas Olivenöl und ein paar Petersilienblätter mit Salz nach Geschmack erhitzen. Darin die abgegossenen Gnocchi 30 Sekunden schwenken, sodass sie ganz mit dem Ölgemisch bedeckt sind.

7. Gnocchi auf einem Teller servieren, der vorher mit dem Pesto eingestrichen und mit Pecorino bestreut wurde. Oder einfach das Pesto und die Gnocchi in einem tiefen Teller vermischen und den Käse darüberreiben.

TIMBALLO DI ANELLETTI AL FORNO
Überbackene, mit Anelletti und Hackfleisch gefüllte Auberginenscheiben

Diese traditionelle sizilianische pasta al forno *(im Ofen gebackene Pasta) wird im Agriturismo »Portella della Ginestra« serviert. Hier kann man auf einem Bauernhof wohnen, der sich auf konfisziertem ehemaligem Mafia-Land befindet und unter der Schutzherrschaft der Organisation »Libera Terra« (freies Land) steht.*

Kleine Ringe in einem großen Ring: *Timballo di anelletti* ist ein typisch sizilianisches Gericht. *Pasta al forno* gibt es überall in Italien, aber dank ihrer Dicke und ihrer Form eignen sich *anelletti* besonders zum Überbacken im Backofen, weil sie al dente bleiben. Die Kombination aus Tomatensauce, gebratenen Auberginen und geräuchertem Ricotta ist durch und durch sizilianisch, der Ricotta in diesem Fall eine salzige Version des Frischkäses, mit dem sonst auch Creme zum Füllen der charakteristischen Desserts der Insel gemacht wird – *cannoli* und *cassata*. Die Erbsen in der Fleischsauce (eine Mischung aus Rind und Schwein) sind eine weitere sizilianische Besonderheit, eine klassische Füllung auch für *arancini* (gefüllte und frittierte Reisbällchen).

Während die Hauptzutaten immer gleich bleiben – Anelletti, Fleischsauce mit Erbsen und gebratene Auberginenscheiben –, gibt es zahlreiche Erweiterungen dieses Rezepts, zum Beispiel mit hart gekochten Eiern, mehreren Käsesorten, Speck, Salami oder Schinken. *Timballo di anelletti al forno* wird seit Jahrhunderten am Familientisch serviert und ist oft das Prunkstück beim sonntäglichen Mittagessen und bei Familienzusammenkünften. In Sizilien eingeführt wurde das Gericht im 9. Jahrhundert von arabischen Eroberern.

Im Agriturismo »Portella della Ginestra« auf den Hügeln nahe Palermo ist dieses Gericht regelmäßig auf der Speisekarte zu finden, seine Zutaten kommen aus dem eigenen Gemüsegarten oder von zehn anderen landwirtschaftlichen Kooperativen von »Libera Terra«, die sich in Sizilien, Apulien, Kalabrien und Kampanien befinden. All diese Ländereien wurden einst von der Mafia kontrolliert und werden jetzt wieder bewirtschaftet. Die Erzeugnisse werden vom Konsortium »Libera Terra Mediterraneo« zu 80 verschiedenen Produkten weiterverarbeitet – von Pasta und Hülsenfrüchten über Konfitüren und nativem Olivenöl extra bis zu Obst und Wein.

Der Agriturismo »Portella della Ginestra«, der 2005 eröffnete, befindet sich in einem Bauernhaus aus dem 17. Jahrhundert, das früher von der Mafia besetzt war. Das verlassene Gebäude wurde wieder instand gesetzt und das Land rekultiviert. Es liegt auf einem Hügel inmitten des Nationalparks »Serre della Pizzuta«, von seinen Fenstern hat man einen weiten Blick über das Alto-Belice- Tal. Dieses Zentrum eines sich gegen die Mafia richtenden ökologischen Aktivismus ist zu einem wahrhaft friedlichen Ort geworden.

Koch //
Emiliano Rocchi
Ort //
Agriturismo »Portella della Ginestra«, Palermo

TIMBALLO DI ANELLETTI AL FORNO

Überbackene, mit Anelletti und Hackfleisch gefüllte Auberginenscheiben

Für 4 Portionen
Zubereitungszeit: 1 Stunde 30 Minuten

4 EL natives Olivenöl extra
1 kleine Zwiebel, klein gehackt
1 Stange Sellerie, geschält und fein gehackt
1 Karotte, geschält und klein gehackt
150 g Rinderhackfleisch
150 g Schweinehackfleisch
125 ml trockener Rotwein
400 g Passata (siehe Seite 265)
Salz
100 g Erbsen
frisch gemahlener schwarzer Pfeffer
200 g Anelletti (Anelletti Siciliani Biologici von Libera Terra)
80 g Caciocavallo-Käse, gerieben
50 g gesalzener Ricotta
16 Auberginenscheiben (Ø etwa 10 cm) plus einige zum Garnieren
Erdnussöl zum Frittieren der Auberginenscheiben
40 g Semmelbrösel
frischer Basilikum zum Dressieren

1. Das Olivenöl in einem Topf erhitzen. Zwiebeln, Sellerie und Karotten darin bei geringer Temperatur etwa 5 Minuten anschwitzen.

2. Das Fleisch hinzufügen und ein paar Minuten anbräunen. Mit Rotwein ablöschen und den Wein verdunsten lassen. Dann die Passata hinzufügen und mit Salz abschmecken. Bei geringer Temperatur etwa 30 Minuten köcheln lassen.

3. Die Erbsen hinzufügen und bei geringer Temperatur 15–20 Minuten köcheln lassen. Wenn die Masse zu trocken wird, ein paar Löffel heißes Wasser einrühren. Ist sie schön dick, den Herd ausschalten und die Sauce mit Salz und Pfeffer abschmecken.

4. Die Anelletti in einem Topf mit kochendem Salzwasser al dente kochen.

5. Anelletti abgießen und in einer Schüssel mit der Fleischsauce vermischen. Den geriebenen Caciocavallo sowie den Ricotta hinzugeben und alles gründlich vermengen.

6. Die Auberginenscheiben in dem erhitzten Erdnussöl frittieren und salzen. Auf Küchenpapier das überschüssige Fett abtropfen lassen. Den Backofen auf 180 °C Ober-/Unterhitze vorheizen.

7. In eine Backform (Ø 30 cm) zuerst eine Lage frittierter Auberginenscheiben setzen, darauf eine Lage Pasta mit Sauce geben. So fortfahren, bis jeweils drei Lagen übereinander geschichtet sind. Den Abschluss bildet eine Lage Pasta. Darauf etwas Semmelbrösel streuen, dann das Ganze im vorgeheizten Backofen 20–25 Minuten backen.

8. Wenn die Auberginentürmchen fertig gebacken sind, herausnehmen und mit einer Auberginenscheibe und frischem Basilikum garnieren.

Seit 1995 gibt es Libera, einen Zusammenschluss von Vereinen, der die Gesellschaft in ihrem Kampf gegen das organisierte Verbrechen unterstützt. 2001 wurde dann Libera Terra gegründet (ein Zusammenschluss von Libera, dem Consortium Sviluppo e Legalità und der Präfektur von Palermo), um Hunderte Hektar Land, das früher die Mafia besetzt hatte, in produktive landwirtschaftliche Kooperativen zu verwandeln, die von den Gemeinden vor Ort geführt werden.
www.liberaterra.it

AGNELLO DI MASSERIA CON CARCIOFI
Lamm mit Artischocken

Die Osteria »Monacelle« in der »Weißen Stadt« Ostuni bietet apulische Hausfrauenkost, zubereitet in einer offenen Küche, in die man von dem kleinen Essraum aus Einblick hat. Die Osteria ist bekannt für ihre selbst gemachten Wurstwaren, eigene Weine und solche Körper und Seele wärmenden Gerichte wie diesen Lamm-Artischocken-Eintopf.

In der Osteria »Monacelle«, einem kleinen Restaurant in einer engen, kopfsteingepflasterten Seitenstraße hinter Ostunis gotischer Kathedrale, wird die Küche von Frauen beherrscht. Die Leitung hat die *mamma* der Osteria, Carmella Carlucci, eine Frau mit 25-jähriger Kocherfahrung in den Restaurants dieser bei Touristen sehr beliebten apulischen Stadt. Ihr zur Seite steht mit einem aparten Kopfschmuck Gina Saporito, eine sizilianische Köchin, die vor zwei Jahrzehnten nach Apulien gezogen ist und dort in eine Familie aus der Region eingeheiratet hat.

Das in der lebendigen Restaurantszene Ostunis relativ neue Restaurant war die Idee von Carmellas Sohn Dario, der nach einem Studium der Landwirtschaft beschloss, eine Osteria zu eröffnen, die apulische Produkte verarbeitet und in der seiner Mutter ihre Talente zeigen kann. »Wir kochen hier einfache Gerichte, solche, die jeder auch zu Hause zubereiten könnte«, sagt Carmella, »dieses Gericht hat zum Beispiel nur ein paar Zutaten. Wenn die Produkte gut sind, so wie diese Lammkoteletts und Artischocken, dann will man deren Geschmack genießen – und nicht Knoblauch oder Gewürze oder sonst etwas Kompliziertes. Der einzige zugesetzte Geschmack kommt vom Wein. Ich nehme einen Prosecco – seine Perlen intensivieren den Geschmack. Aber man kann auch Weißwein nehmen.«

Sowohl das Lammfleisch als auch die Artischocken für dieses Essen kommen von regionalen *masserie* (Bauernhöfen) in der nahen Colacurto-Region, ein paar Kilometer südlich von Ostuni. Und was nicht von diesen Feldern kommt, ist von der Osteria selbst hergestellt. Wer sich nicht für eine ganze Mahlzeit an einem der wenigen Tische niederlassen möchte, kann sich einen Stuhl an den riesigen Gemeinschaftstisch in der Probierstube heranziehen. Über dem Tisch hängen hölzerne Leitern von der Decke, bestückt mit hier hergestellten guten Sachen. Probieren kann man zum Beispiel einen *lardo* (geräucherter Schweinespeck) – eine Spezialität von Carmellas Sohn Dario – oder eine Auswahl regionaler Käse mit Quittenkonfitüre oder ein Rote-Zwiebel-Chutney. Dazu schmeckt ein Glas Biowein, zum Beispiel ein tiefroter Negroamaro, der auch ganz wunderbar zu diesem Lammgericht passt.

Aber man sollte sich nicht die Chance entgehen lassen, in dem gemütlichen kleinen Essraum mit Blick auf die offene Küche in aller Ruhe zu speisen. Er ist mit farbenfroh bemalten Fliesen geschmückt, eine Sammlung aus ganz Süditalien. Hier, in diesem sonst einfach gehaltenen Raum aus Stein, Ziegeln und poliertem Beton, kann man sich zurücklehnen und so tun, als sei man *a casa* und die *mamma* des Hauses würde perfekt für einen sorgen.

Köchinnen //
Carmella Carlucci und Gina Saporito
Ort //
Osteria »Monacelle«, Ostuni

AGNELLO DI MASERIA CON CARCIOFI

Lamm mit Artischocken

Für 4 Portionen
Zubereitungszeit: 1 Stunde

5 Artischocken (1 für jede Person und etwas mehr für den Topf)
etwas Weißweinessig
4 EL natives Olivenöl extra
Salz
8 frische Lorbeerblätter
1 kg Lammkoteletts
100 g Zwiebeln, fein gehackt
1 Flasche trockener Prosecco oder Weißwein
ein paar blühende Zweige frischer Rosmarin

1 Die Artischocken waschen und putzen: äußere Blätter entfernen, um das Herz freizulegen, und den Stiel bis zu 2,5 cm unter der Blüte abschneiden. Das obere Drittel der Blüte abschneiden, dort, wo sie beginnt, grün zu werden, sodass das gelbweiße Herz und das Stück Stiel übrig bleiben. Stiel schälen, wie man eine Karotte schälen würde, dann den nun restlichen Teil der Artischocke längs halbieren. Die Hälften längs in 1 cm dicke Streifen schneiden. Die Scheiben in eine Schüssel mit Essigwasser legen, damit sie nicht braun werden, während man weiterarbeitet.

2 Eine gute Menge Olivenöl in einer Pfanne erhitzen – genug, um die Artischocken zu bedecken, sodass sie nicht anbrennen –, etwas Salz und 4 Lorbeerblätter hinzufügen. Die Artischockenscheiben darin 7 Minuten garen. Den Herd ausschalten und die Artischockenscheiben in der heißen Pfanne lassen, bis das Fleisch fertig ist.

3 In einer Schmor- oder einer tiefen Bratpfanne eine kleine Menge Öl erhitzen, die restlichen Lorbeerblätter hinzufügen und die Lammkoteletts darin anbräunen. Die Koteletts braten, bis alle austretende Flüssigkeit verdunstet ist, dann die Zwiebeln hinzugeben und goldbraun anschwitzen.

4 Nun mit Wein oder Prosecco das Fleisch bedecken. Die Temperatur erhöhen und alles 1 Minute kochen, dann die Temperatur wieder reduzieren, die Pfanne abdecken und das Gericht 40 Minuten köcheln lassen.

5 Wenn das Fleisch gar ist, die Artischocken dazugeben, alles gut vermischen und mit ein paar Zweigen Rosmarin servieren.

NASTRINI DI GRANO BRUCIATO CON POMODORI, CICORIA E RICOTTA

Bandnudeln mit Tomaten, Endivien und Ricotta

Aus grano bruciato – verbranntem Korn – werden ganz besondere apulische Nudeln hergestellt und diese Spezialität ist eng mit Apuliens Vergangenheit als armes Land verbunden. Das Gericht hat eine lange Tradition und wird hier zubereitet von Gigi Giustizieri, Koch im Restaurant »Gustavo Braceria«, eine zweite Heimat und Station für Gourmets in der Region Salento in Apuliens tiefstem Süden.

Koch //
Gigi Giustizieri
Ort //
Restaurant »Gustavo Braceria«, Salento

In diesem Gericht steckt die Geschichte von ländlicher Armut, brennenden Feldern und Bauern, die in der Asche nach verbrannten Körnern suchen. Erst wenn die Felder abgeerntet und die Stoppeln abgebrannt waren, durften die Landarbeiter im Apulien des 19. Jahrhunderts die übrig gebliebenen Körner aufsammeln: den *grano bruciato* (oder *grano arso*), das verbrannte Getreide, das heute bei städtischen Food-Bloggern, die ihr Getreide selbst rösten, als etwas ganz Besonderes gilt. Pasta aus feuergeröstetem Getreide ist hip.

»Manchmal geben wir ein kleines bisschen gemahlene Kaffeebohnen zu unserem Mehl«, sagt Carmela Giustizieri, Geschäftsführerin des »Gustavo Braceria« und Ehefrau von Gigi, »das verstärkt die körnige Textur der Pasta und fügt dem süßen Geschmack von Ricotta und Tomaten in diesem Gericht einen angenehmen Kontrast hinzu.«

Auch die Farben von Tomaten und Ricotta sind eine perfekte Ergänzung zu den erdfarbenen Pasta-Bändern. Die »Gelben des Winters« sind eine alte Tomatensorte und strahlen auf dem Teller wie der Sonnenschein selbst, während *cicoria* (Endivien) ein spezielles Gemüse der Region ist und den frischen, grünweißen *puntarelle* (eine Chicorée-Art) ähnelt, die man in römischen Wintersalaten findet. Der Ricotta kommt von einem Bauern aus der Gegend, der Schafe hält und den weder ganz frischen noch ganz reifen Käse selbst herstellt.

Diese kunstvolle Palette wurde vom vor Energie sprühenden Koch Gigi kreiert, der die Intensität eines italienischen Filmschauspielers, aber das Gespür eines Malers hat. »Jedes Gericht ist wichtig«, sagt er, »es geht nicht nur darum, Essen zu servieren. Die Atmosphäre hier war immer so, als würden wir Leute in unser Haus einladen. Also haben wir auch die Pflicht, gut für sie zu sorgen.«

Das Restaurant »Gustavo Braceria« liegt zehn Fahrminuten von den belebten Stränden an Salentos Westküste entfernt. In einem eindrucksvoll umgestalteten, alten Haus werden hausgemachte apulische Gerichte serviert. Und mit dem guten Essen kommt der gute Wein. Carmela hat eine Auswahl von sieben Weinen zusammengestellt, die eher nach Nummern als nach Namen identifiziert werden, darunter einen dunkelroséfarbenen Negroamaro, eine apulische Traube, die normalerweise zu einem fast schwarzen Rotwein verarbeitet wird. Und aus dem Traubenmost des Negroamaro macht Gigi natürlich ein wunderbares Coulis, mit dem das hausgemachte Eis gekrönt wird. Nur das Beste für die Gäste.

NASTRINI DI GRANO BRUCIATO CON POMODORI, CICORIA E RICOTTA

Bandnudeln mit Tomaten, Endivien und Ricotta

Für 4 Portionen
Zubereitungszeit: 30 Minuten plus Pasta-Herstellung

2 EL natives Olivenöl extra
1 ungeschälte Knoblauchzehe
½ rote Zwiebel, klein gehackt
1 große Frühlingszwiebel oder 1 Stange Babylauch, geputzt und klein geschnitten
300 g Cherrytomaten (oder eine geschmackvolle alte Tomatensorte), halbiert
200 g cicorie (alternativ Puntarelle), geputzt und klein geschnitten
Salz
frisch gemahlener schwarzer Pfeffer
300 g Grano Arso (alternativ Vollkornweizennudeln)
30 g Ricotta (Cacioricotta oder normaler Ricotta)

1 In einer Pfanne das Olivenöl schwach erwärmen, dann die Knoblauchzehe, Zwiebeln und Frühlingszwiebeln hinzufügen und bei geringer Temperatur anschwitzen, bis sie weich sind.

2 Die Knoblauchzehe entfernen, dann Tomaten und Endivien hinzufügen. Mit Salz und Pfeffer bestreuen. Bei geringer bis mittlerer Temperatur 6–7 Minuten köcheln lassen.

3 In der Zwischenzeit die Pasta in kochendem Salzwasser garen. Wenn sie fast al dente ist, mit einem Schaumlöffel herausheben und sofort in die Pfanne zum Gemüse geben.

4 Die Temperatur erhöhen und alles etwa 1 Minute erhitzen, bis die Flüssigkeit zu einer dicken Sauce reduziert ist.

5 Mit dem darübergekrümelten Käse servieren.

Tipp

Fragen Sie Carmela nach ihrem neuen »Essen mit Einheimischen«-Projekt, einem Zusammenschluss von Familien aus Salento, die Besucher in ihren Häusern empfangen und ihnen dort apulische Gerichte aus regionalen Produkten kochen.

ORECCHIETTE CON CIMA DI RAPA
Orecchiette mit Stängelkohl

Cima di rapa, *dieses so typisch apulische Kreuzblütengewächs mit den dunkelgrünen Blättern, wird häufig mit den ebenfalls vor allem in Apulien verbreiteten Orecchiette-Nudeln kombiniert. Orecchiette heißt »Öhrchen« und an kleine Ohren erinnert die Form der Nudeln. Das durch Chilischoten angenehm wärmende Gericht wird traditionell mit angerösteten Brotkrümeln und Sardellen serviert – ein salziges, knuspriges Dressing, das Lillino Silibello vom Restaurant »Cibus« den »Parmesan der Armen« nennt.*

Koch //
Lillino und Angela Silibello
Ort //
Restaurant »Cibus«, Ceglie Messapica

Essen ist hier allgegenwärtig. Antike Schinkenschneidemaschinen flankieren die Wände des Essraums, von der Decke hängend reifen große Capollo-Schinken und darüber baumeln bündelweise Tomaten wie Kronleuchter. Berge frisch gebackenen Brots, die noch nach Holzrauch duften, balancieren auf rustikalen Sideboards vor der Küche und Anrichten, auf denen Hülsenfrüchte und Nüsse aufgestapelt sind, sie bieten den Gästen ein Willkommen in dem mit rankendem Wein bewachsenen und mit Säulen versehenen Eingang. Die darunterliegenden Stockwerke beherbergen einen streng riechenden Lagerraum für die verschiedensten Käse und einen Weinkeller, dessen Weine überwiegend aus Apulien kommen.

Das familiengeführte Restaurant »Cibus« befindet sich in einem Klostergebäude aus dem 8. Jahrhundert und krönt die auf einem Hügel gelegene Gemeinde Ceglie Messapica mit ihren weiß getünchten Häusern, eine der ältesten Siedlungen Apuliens. Vom Restaurant aus blickt man auf das Itriatal mit seinen umgebenden fruchtbaren Ebenen. Die Zutaten zu den Gerichten des Restaurants kommen entweder aus der eigenen Küche oder aus keiner größeren Entfernung als der, die man von hier aus mit dem Auge überblicken kann.

Das Restaurant ist mit einer Fülle an Vorräten eingedeckt. »Apuliens *orecchiette con cima di rapa* kennen alle, aber wir haben ein ganzes Meer von Pasta und Gemüsen«, sagt Lillino Silibello mit einer Handbewegung zu einer Galerie selbst eingelegter *lampascioni* (leicht bittere Zwiebelgewächse, die wie Silberzwiebeln schmecken), in Likör eingelegte Feigen (eine Leidenschaft von Lillinos verstorbener Mutter) und Reihen über Reihen selbst gemachter Honige und Konfitüren.

»Bei uns hier im Süden sind Eiernudeln unüblich. Hier geht das einfacher. Wir rollen keine großen Teigdecken aus und stellen dafür Frauen an wie im Norden Italiens. Wir nehmen einfach nur Mehl und Wasser und machen daraus einen Ball. Und wir verwenden alte Getreidesorten, zum Beispiel das fast vergessene *senatore cappelli* – eine Variante des Hartweizens, aus der wir das Semolina-Mehl mahlen, das in vielen unserer Nudeln steckt.«

Lillino als Lebensmittelwissenschaftler ist mit seinen Schwestern in der Küche und seiner Frau Angela der Mittelpunkt eines Familienreichs, in dem noch immer die Gegenwart seiner Mutter zu spüren ist. »Wir sind ein echtes Familienunternehmen«, sagt Angela, »wir reden hier nicht über Küchenchefs. Ich bevorzuge das Wort ›Koch‹. Im Italienischen ist sogar der Klang – *cuoco* – viel wärmer. Und damit wird nicht jemand bezeichnet, der an der Spitze einer Hierarchie steht, sondern jemand, der in einer Taverne gelernt hat.«

ORECCHIETTE CON CIMA DI RAPA
Orecchiette mit Stängelkohl

Für 4 Portionen
Zubereitungszeit: 25 Minuten plus Pasta-Herstellung

Für die Pasta
350 g Orecchiette
Oder zum Selbermachen:
300 g backstarkes Mehl, idealerweise halb ausgemahlen oder *senatore cappelli* (Hartweizenmehl)
bis zu 200 ml Wasser

Für den Stängelkohl
1 kg Stängelkohl, geputzt und quer zum Wuchs in 2 cm große Stücke geschnitten
Salz
100 ml natives Olivenöl extra
1 Knoblauchzehe, grob gehackt
3 frische Lorbeerblätter
2 frische Chilischoten, entkernt und klein gehackt
4 in Salz eingelegte braune Sardellen plus ein paar zum Garnieren
2–3 Cherrytomaten, geviertelt
100 g Brotkrümel, 3–4 Minuten in Olivenöl bei etwa 150 °C angeschwitzt (nicht zu viel Öl nehmen, da sie trocken genug sein müssen, um sie über die Pasta zu streuen)

Tipp

Cima di rapa *ist ein brokkoliähnliches Kreuzblütengemüse, das im Deutschen auch Rübstiel, Rappa oder Broccoli raab heißt.*

1. Der Anleitung für Nudelteig ohne Ei auf Seite 264 folgen.

2. Den Teig in mehrere Stücke teilen und jedes Stück zu einer etwa 1 cm dicken Wurst rollen. Jede Wurst in 1 cm lange Stücke schneiden.

3. Jedes kleine Nudelteigquadrat über die stumpfe Seite eines Buttermessers zu sich rollen, sodass eine abgerundete Ohrenform entsteht. Dann mit dem Daumen umstülpen und etwas dehnen, sodass die Stücke etwa 2 cm lang und etwas weniger breit werden.

4. Etwa 1 Stunde trocknen lassen. Nicht abdecken, dann können sich kleine Fältchen bilden.

5. Stängelkohl in einen Topf mit kochendem Salzwasser geben und etwa 4–5 Minuten köcheln lassen.

6. In einer Pfanne etwas Olivenöl erhitzen. Darin Knoblauch, Lorbeerblätter, Chilischoten, Sardellen und etwas Salz anschwitzen.

7. Den gegarten Stängelkohl mit einem Schaumlöffel aus dem Wasser heben (das Wasser aufbewahren) und mit den Tomaten in die Pfanne geben. Der Stängelkohl muss nicht gut abgetropft sein, etwas Wasser kann noch daran anhaften.

8. Die Nudeln in dem Stängelkohlwasser etwa 4 Minuten kochen – falls die Nudeln frisch sind –, damit sie den Geschmack des Gemüsewassers annehmen.

9. Wenn die Nudeln fast gar sind, mit einem Schaumlöffel aus dem Wasser heben und zum Stängelkohl geben. Wieder kann etwas Wasser mit dabei sein.

10. Etwa 1 Minute bei hoher Temperatur durchschwenken.

11. Das fertige Gericht auf einer großen Servierplatte anrichten, mit den Brotkrümeln bestreuen und mit ein paar kleinen Sardellenstücken garnieren.

PEZZOGNA ALL' ACQUA PAZZA CON VONGOLE E RUCOLA

Pezzogna mit Venusmuscheln und Rucola

Dieses einfache Fischgericht mit dem verrückten Namen *pezzogna all'acqua pazza* entstand wahrscheinlich bei den Fischern in der Bucht von Neapel während der 1800er-Jahre. Es wurde traditionell an Bord gekocht, ob es regnete oder die Sonne schien. In Neapels Restaurant »Veritas« wird es von Gianluca D'Agostino zeitgemäß mit Rucola und Muscheln serviert.

Wenn Sie meinen, dass Kochen eine Herausforderung sein kann, dann probieren Sie doch mal, bei stürmischer See auf einem Schiff in einem Topf mit Meerwasser, Tomaten, Fisch und Kräutern zu kochen. In den 1800er-Jahren war es sicher kein Vergnügen, an Bord eines Schiffes in der stürmischen Bucht von Neapel eine warme Mahlzeit zuzubereiten. Auf diesen mit Meersalz verkrusteten Schiffdecks wurde höchstwahrscheinlich dieses fantastische Fischgericht geboren und getauft. Der Name bezieht sich auf das Wasser, in dem man den Fisch kochte und das bei jeder ansteigenden Welle wie verrückt hin- und hergeschwappt sein muss.

Pezzogna (eine Zahnbrassenart) – ein Bewohner der Gewässer zwischen Neapel und den vorgelagerten Inseln Capri, Ischia und Ponza – ist ein wertvoller Fisch, den man durch ähnliche Fische wie *spigola* (Wolfsbarsch) oder *orata* (Dorade) ersetzen kann. »Dieses Gericht wurde sicher in kleinen Mengen zubereitet und frisch gegessen«, sagt Gianluca D'Agostino, »die Seeleute hatten damals ja keine Kühlschränke. Und so ist es ein echtes Sommergericht, aus der Jahreszeit, in der es die besten, reifsten Tomaten gibt.«

Das Gericht ist leicht zu Hause zu kochen, findet jedenfalls Gianluca, und es ist ein beliebtes Familiengericht, obwohl heute oft schon filetierter Fisch verwendet wird. Um den Meerwassergeschmack zu erhalten, ohne Eimer davon im Kühlschrank aufzubewahren, fügt Gianluca noch Muscheln hinzu. »Unsere Zutaten kommen nur von Märkten oder Fischern in der Gegend, aber die Zutaten für dieses Gericht sind sehr einfach und man bekommt sie überall in der Welt in Läden und auf Märkten. Deshalb ist das Rezept perfekt geeignet, um es zu Hause auszuprobieren.«

Koch //
Gianluca D'Agostino
Ort //
Restaurant »Veritas«, Neapel

PEZZOGNA ALL' ACQUA PAZZA CON VONGOLE E RUCOLA
Pezzogna mit Venusmuscheln und Rucola

Für 4 Portionen
Zubereitungszeit: 1 Stunde 45 Minuten

1 ¼ kg pezzogna *oder ein ähnlicher Fisch (etwa Wolfsbarsch oder Red Snapper)*
150 g frische Petersilie
200 g Cherrytomaten
2 Knoblauchzehen
Salz
natives Olivenöl extra
150 g frischer Basilikum, Blättchen abgezupft
250 g Venusmuscheln
150 g Rucola

1. Den Fisch schuppen, ausnehmen und filetieren (man kann den Fischhändler bitten, das zu erledigen). Den Fischkopf und die Gräten 30 Minuten unter fließendem Wasser stehen lassen.

2. Für die Brühe die Fischgräten, den Fischkopf, Petersilienstängel, drei Viertel der Tomaten und 1 ganze Knoblauchzehe in einen Topf geben. Mit Wasser bedecken und 15–20 Minuten bei geringer bis mittlerer Temperatur köcheln lassen. Mit Salz abschmecken. Den Backofen auf 160 °C Ober-/Unterhitze vorheizen.

3. Restliche Tomaten in eine Backform legen, mit Salz, Olivenöl, Basilikumblättchen und der zweiten grob gehackten Knoblauchzehe bestreuen. Im vorgeheizten Backofen 20 Minuten backen.

4. Die Muscheln mit 1 Kelle Fischbrühe in einen heißen Topf geben und 2–3 Minuten kochen, bis sie sich öffnen.

5. Die Fischfilets salzen und in einer antihaftbeschichteten Pfanne bei mittlerer Temperatur 4–5 Minuten braten. Dann mit den Muscheln und der Brühe zu den Tomaten in die Backform geben.

6. Alles in Suppentellern anrichten und mit dem Rucola garnieren. Ein wenig Salz darüberstreuen und mit Olivenöl beträufeln.

SPAGHETTONI CON CARDONCELLI E CACIOCAVALLO
Spaghettoni mit Kräuterseitlingen und Caciocavallo

Dieser reichhaltige erste Gang oder primo piatto *bietet einige der besten Produkte der Basilikata-Region auf. Hier wird das Gericht in dem Restaurant »L'Abbondanza« (der Überfluss) serviert, das seinen Namen nicht umsonst hat. Es liegt auf einem Hügel in Matera, der* città Sotterranea *(unterirdische Stadt). Ihre Höhlensiedlungen und Felsenkirchen gehören zu den ältesten kontinuierlich bewohnten Orten.*

Zu der auf einem Hügel gelegenen Stadt Matera gehören *sassi* genannte Höhlendörfer. Die mögen zu den ältesten kontinuierlich bewohnten ihrer Art gehören, aber es ist noch nicht lange her, dass die Welt diese Wunder überhaupt wahrgenommen hat. Bis in die 1960er-Jahre war Matera aufgrund seiner schockierenden Armut in der Nation eher schlecht angesehen. Tief in den Hügeln der Basilikata-Region versteckt, ist die Stadt noch immer vom nationalen Eisenbahnnetz abgeschnitten. Doch 1993 wurden die Höhlensiedlungen von der UNESCO zum Weltkulturerbe erklärt und später wurden in ihren mit Kopfstein gepflasterten Straßen so viele Dokumentar- und Spielfilme gedreht, dass man dem Ort sogar den Spitznamen »Sassiwood« gab. Unter anderem war er Drehort für Szenen aus Mel Gibsons »Die Passion Christi« und später für »Ben Hur«.

Italienische Regisseure und Schauspieler sind auf Fotos mit dem lebhaften Eigentümer des »L'Abbondanza« abgebildet. Francesco Abbondanza hat eine übersprudelnde Energie, die seinem Namen alle Ehre macht. »Dieses Rezept ist meine Kreation«, erzählt er, »es ist die Qualität des Käses, die den Erfolg des Gerichts ausmacht. Ich nehme einen *caciocavallo podolico,* aber wenn man den nicht bekommt, ist ein guter *scamorza* oder ein *ricotta primo sale* eine gute Alternative.«

Der *caciocavallo,* dessen Form einem Kürbis ähnelt, ist ein Käse aus dem Süden und bedeutet so viel wie »Käse auf dem Pferd«. Der Name bezieht sich auf die Herstellungsmethode: Um abzutropfen und zu reifen, wird er an einem Seil über ein Holzbrett gehängt. Der beste *caciocavallo* kommt von *podolico*-Rindern. *Caciocavallo podolico* wird manchmal auch als der »Parmigiano Reggiano des Südens« bezeichnet, ist lange gereift und schmeckt würzig mit einem Anklang an die Gräser und Kräuter der Landschaft, in der die Rinder gehalten werden.

»Das Landesinnere von Lukania – der historische und noch immer häufig gebrauchte Name für die Basilikata-Region – ist ausgezeichnetes Weideland für die Kühe«, sagt Francesco, »ich bekomme meine Milchprodukte aus meinem Heimatdorf Gorgoglione. Und keine meiner Zutaten kommt von weiter her. Die Pilze wachsen gleich hier, die Pistazien sind aus dem Nachbarort Stigliano und die Nudeln von Il Tortellino weiter die Straße hoch, einer der besten *pastifici* der Stadt, der noch immer die traditionellen lukanischen Nudeln herstellt.«

Koch //
Francesco Abbondanza
Ort //
Restaurant »L'Abbondanza«, Matera

SPAGHETTONI CON CARDONCELLI E CACIOCAVALLO

Spaghettoni mit Kräuterseitlingen und Caciocavallo

Für 4 Portionen
Zubereitungszeit: 30 Minuten

200 g Caciocavallo (alternativ Scamorza oder Ricotta primo sale)
100 ml Milch (3,5 % Fett)
natives Olivenöl extra
150 g Pistazien plus ein paar zum Rösten
Salz
150 g Kräuterseitlinge (alternativ Shiitake-/Austernpilze)
250 g Spaghettoni

1. Den Käse in Würfel von etwa 2,5 cm Seitenlänge schneiden.

2. Käse, Milch und 1 TL Olivenöl im Mixer oder mit dem Stabmixer zu einer Konsistenz von geschlagener Crème double mixen.

3. Pistazien, 2 TL Olivenöl und 1 winzige Prise Salz zu einem groben Pesto pürieren.

4. Pilze klein schneiden und in 2 EL heißem, gesalzenem Olivenöl bei mittlerer Temperatur sanft anbraten, bis sie Farbe angenommen haben.

5. Wenn sie frisch ist, die Pasta in kochendem Salzwasser etwa 4 Minuten, sonst 6–8 Minuten kochen.

6. In einem Topf Käsesauce, Pilze und Pesto sowie 1 Löffel des Pasta-Wassers bei geringer bis mittlerer Temperatur zusammen erwärmen.

7. Wenn die Pasta fertig ist, abgießen und in den Topf zur Sauce geben. Alles 1 Minute durchschwenken und servieren.

PASTA ALLA NORMA
Pasta alla Norma

Siziliens Liebe zu Auberginen ist bedingungslos. Einige der bekanntesten sizilianischen Gerichte drehen sich um *melanzane, die Sizilianer auch »Fleisch der Erde« nennen.* Aber vielleicht das bekannteste von allen ist Pasta alla Norma, dessen Name sich auf eine große italienische Oper bezieht. Mit entsprechendem dramatischem Flair wird diese Pasta im »Baglio di Pianetto« serviert, einem Weingut und Agriturismo im Herzen von Siziliens aufregendster Weinregion.

Koch //
Angelo Melle
Ort //
Restaurant »Baglio di Pianetto«, Sizilien

Ginevra Notarbartolo, die in dritter Generation im »Baglio di Pianetto« mitarbeitet, einem Weingut und Agriturismo auf den Hügeln der Piana degli Albanesi außerhalb Palermos, ist sich nicht sicher, wie viele Sizilianer wissen, dass dieses Gericht nach einer Oper von Bellini benannt wurde. »Ich bin noch nicht einmal sicher, wie viele überhaupt wüssten, dass Bellini Sizilianer war«, lacht sie, »vielleicht die Hälfte von uns Sizilianern. Aber wir alle kennen dieses Gericht.«

Der im 19. Jahrhundert lebende sizilianische Schriftsteller Nino Martoglio war offensichtlich so beeindruckt von dem ausdrucksvollen Geschmack dieser Pasta, dass er sie mit »Norma«, der beliebten Oper von Vincenzo Bellini aus dem 19. Jahrhundert, verglich. Und der Name blieb dem Gericht erhalten. Neben *Caponata* und *melanzane parmigiana* ist es wohl das bekannteste sizilianische Auberginengericht.

Angelo Melle serviert im »Agrirelais des Baglio di Pianetto« mehrere Varianten dieses Klassikers: Die »Version des Hauses« wird mit gnocchiähnlichen Nudeln zubereitet, während bei einer anderen Interpretation die Sauce in dicke Röhren von *paccheri*-Pasta gefüllt wird, die dann in einer Pyramide aufgeschichtet werden, sodass sie einem der Vulkane der Insel ähneln, der mit Ricotta noch eine Schneekappe bekommt.

Angelo Melle kam in den 1990er-Jahren nach Sizilien. Vorher hatte er als Koch in Vincenza für Ginevras Großvater gearbeitet, den Weinproduzenten Graf Paolo Marzotto. »Mein Opa wollte einen Weinberg in Sizilien kaufen, etwas Hübsches für seinen Ruhestand«, erzählt Ginevra, »jetzt ist er über 80 und arbeitet immer noch. Es gibt immer etwas zu tun. Mit dem Aufbau des Weinguts waren wir 2002 fertig, mit dem Restaurant und dem Agriturismo 2007.«

Ginevra zufolge passt zu diesem Gericht am besten das Flaggschiff des Weinguts, der Ramione-Rotwein – ein Name, der eine Hommage an Baron Antonio Palizzolo von Ramione ist, dessen Familie als erste in der Pianetto-Region Wein anbaute. »Dieser Wein ist so absolut sizilianisch«, schwärmt Ginevra, »er wird aus der regionalen Nero-D'Avola-Traube und einem Merlot gekeltert. In einem einzigen Glas steckt die Kraft unseres Bodens, sein Duft, unsere besondere Luft und die intensive Farbe – die Einzigartigkeit des sizilianischen Standorts –, aber auch das Wissen und die Kenntnisse der großen französischen Weinschlösser.« Der perfekte Begleiter für eine sizilianische Pasta mit einem kultivierten Namen.

PASTA ALLA NORMA
Pasta alla Norma

Für 4 Portionen
Zubereitungszeit: 1 Stunde 30 Minuten

Für die Pasta
300 g Weizenmehl (Type 405)
50 g Semolina-Mehl
Salz
1 EL Pinienkerne, geröstet
einige Basilikumblätter zum Dekorieren

Für die Sauce
1 große Aubergine
Salz
1 l Erdnussöl (genug, um die Aubergine völlig zu bedecken)
1 kleine Zwiebel, fein gehackt
300 g frische Tomaten (alternativ aus der Dose oder dem Glas), geschält
30 ml natives Olivenöl extra
frisch gemahlener schwarzer Pfeffer
100 g Ricotta, gebacken

1 Die beiden Mehle vermischen, dann 150 ml Wasser hinzufügen und kneten, bis ein weicher Teig entsteht. 10 Minuten ruhen lassen.

2 Teig in eine lange, etwa 2 cm dicke Wurst rollen. Diese in Abständen von 1 cm in Stücke schneiden und jedes Stück mit dem Daumen so zurechtdrücken, dass eine gerundete Form wie ein Gnocchi entsteht.

3 Die Nudeln in kochendes Salzwasser geben und kochen, bis sie an die Oberfläche steigen.

Für die Sauce

1 Die Aubergine in 1,5 cm große Würfel schneiden, salzen und 20 Minuten Wasser ziehen lassen. Wenn sie ihr »bitteres Wasser« freigesetzt hat, trocken tupfen.

2 In einer Pfanne die Auberginenstücke mit Erdnussöl bedeckt 3 Minuten braten.

3 In einem Topf die fein gehackte Zwiebel und die Tomaten in Olivenöl und etwas Wasser mit Salz und Pfeffer abgeschmeckt kochen.

4 Das Öl von den Auberginen mit Küchenpapier abtupfen, die Auberginen zu den Tomaten geben und alles zusammen 3 Minuten köcheln lassen.

5 Wenn die Pasta fast al dente ist, abgießen, gut abtropfen lassen und in den Topf mit der Sauce geben, vermengen und 3 Minuten kochen. Alles mit Pinienkernen, Ricotta und Basilikumblättern bestreut servieren.

»Sizilien ist ein Land und keine Region. Es ist so unterschiedlich, sowohl kulturell als auch landschaftlich; an den Küsten und in den Bergen ist das Klima immer wieder ganz anders. Unser Essen und unser Wein sind der Ausdruck dieser Vielfalt.«

Ginevra Notarbartolo

CAPONATA DI MELANZANE CON POLPO ARROSTITO
Auberginensalat mit gebratenem Oktopus

Dieses Gericht ist ein typisches Beispiel der agrodolce (süßsauren) Küche Kampaniens und Siziliens. Es besteht hauptsächlich aus zwei von Süditaliens Hauptzutaten: Auberginen und Oktopus oder, noch besser, den kleinen moscardini (Baby-Oktopus), die in der Bucht von Neapel und in den Gewässern rund um die Bucht gefangen werden.

Diese *Caponata* ist ein Lieblingsgericht in Italiens Süden und eine Feier der regionalen Auberginenvariante *melanzane viola*, einer runden, hellvioletten Aubergine mit weißem, festem Fleisch, das einem kräftigen Anbraten gut standhält. Das gegarte samtweiche Gemüse ist der perfekte Träger für mit Zucker und Essig gewürzte Sauce, die süßsauer – *agrodolce* – ist, ein Begriff für etwas Bittersüßes, den man in Italien auch außerhalb der Küche benutzt, zum Beispiel für bestimmte Filme, für Musik, für die sich trennenden Wege von Liebenden.

»Für dieses Gericht kann man Oktopus nehmen oder auch die kleinere Sorte, Sepia«, sagt Mario Avallone, Koch in Neapels Restaurant »La Stanza del Gusto«, »aber ich verwende auch gern unsere einheimischen *moscardini* – obwohl die nicht so leicht zu finden sind. Auf Märkten oder in Läden werden sie nicht verkauft – und wenn, dann kommen sie woanders her; die aus Amalfi und der Sorrento-Bucht bekommt man eigentlich nur direkt von den Fischern hier.«

Im »La Stanza del Gusto«, wörtlich der »Geschmacksraum«, legt man stolz Wert auf exzellenten Geschmack. Alle Zutaten sind von höchster Qualität und kommen von kleinen Produzenten; hier gibt es trendy Angebote wie ein *menu vegetariano km zero* (vegetarisches Null-Kilometer-Menü, das heißt, alle Gerichte sind mit regional angebautem Gemüse zubereitet). Und wenn man sich nicht in aller Ruhe in dem extravaganten Slow-Food-Restaurant im ersten Stock niederlassen möchte, kann man im Erdgeschoss an der »Käsebar« einen Snack aus *formaggi* und *salumi* einnehmen und dazu ein Glas Wein genießen.

Das »La Stanza del Gusto« ist eines der kulinarisch innovativen Restaurants in Neapel. Alle Zutaten für Mario Avallones Rezepte sind nachhaltig erzeugt und die Gerichte sind Klassiker-Variationen. »Traditionell kocht man den Oktopus für dieses Gericht in Salzwasser und serviert ihn als Beilage. Wir braten ihn, kombinieren ihn mit *Caponata* und machen ihn zum Hauptereignis.«

Koch //
Mario Avallone
Ort //
Restaurant »La Stanza del Gusto«, Neapel

CAPONATA DI MELANZANE CON POLPO ARROSTITO
Auberginensalat mit gebratenem Oktopus

Für 4–6 Portionen
Zubereitungszeit: 2–3 Stunden

Für die Caponata
2 kg Auberginen
Salz
natives Olivenöl extra
500 g Stangensellerie (nur die Stangen, die Blätter können als Garnitur genommen werden)
2 Zwiebeln, in feine Scheiben geschnitten
Tomatensauce nach Geschmack
150–200 g grüne Oliven ohne Stein
1 Handvoll entsalzte Kapern
125 ml dunkler Aceto balsamico
50–70 g Rohrzucker
100 g Mandeln, geröstet und gemahlen
1 Handvoll frische Basilikumblätter
1 EL Pinienkerne, geröstet

Für den gegrillten Oktopus
1 ½ kg Oktopus
Salz
frisch gemahlener schwarzer Pfeffer
natives Olivenöl extra

Tipp
Dieses Rezept besteht aus zwei einzelnen Gerichten, die auf einem Teller als ein Gang serviert werden. Jedes Gericht kann aber auch einzeln zubereitet und mit anderen kombiniert werden.

1. Für die *Caponata* die Auberginen würfeln und mit Salz bestreuen. Etwa 1 Stunde stehen lassen, dann mit kaltem Wasser abspülen. Trocken tupfen und in etwas heißem Olivenöl braten. Nicht zu lange braten, nur bis sie gerade zu bräunen beginnen.

2. Während die Auberginen braten, den Sellerie klein schneiden. Die Blätter entfernen (zum Garnieren aufbewahren) und die Stängel in etwa 1 cm lange Stücke schneiden. Selleriestücke mit Wasser bedeckt in einem Topf kochen, bis sie weich sind.

3. In einem anderen Topf die Zwiebeln in etwas heißem Olivenöl anschwitzen, dann die Tomatensauce, die Oliven, den gekochten Sellerie und die Kapern hinzufügen.

4. Wenn die Zwiebeln weich sind, die Auberginen zu der Mischung geben und weiterkochen. Sie sollten mindestens teilweise mit der Tomatensauce bedeckt sein.

5. Damit die Zwiebel-Auberginen-Mischung zu einer süßen und sauren *Caponata* wird, Essig und Zucker dazugeben. Alles ein paar Minuten bei mittlerer Temperatur kochen. Dann einige Stunden stehen lassen.

6. Die abgekühlte *Caponata* mit den gerösteten Mandeln bestreuen. Mit den Sellerieblättern und den Basilikumblättchen garnieren.

7. Den Oktopus weich klopfen, bis er faserig wird und eine Art Schaum freisetzt. Ins Tiefkühlfach legen. So wird er vor dem Garen zart gemacht.

8. Den weich geklopften Oktopus in einen Topf mit kaltem Wasser legen und das Wasser zum Kochen bringen. Wenn es kocht, Salz und Pfeffer hinzufügen. Eine feste Kochzeit für Oktopus gibt es nicht, da diese von dessen Größe abhängt. Deshalb regelmäßig während des Kochens mit einer Gabel überprüfen, wie weich der Oktopus ist. Er darf auch nicht zu lange gekocht werden, sondern soll al dente bleiben.

9. Wenn der Oktopus al dente ist, im Kochwasser abkühlen lassen. Dann in Portionen schneiden und mit etwas Olivenöl auf einer Grillplatte oder in einer antihaftbeschichteten Pfanne anbraten.

10. 1 Minute durch Schwenken immer wieder in der Pfanne wenden. Das Gericht auf eine große Servierplatte geben und mit gerösteten Pinienkernen garnieren.

SPAGHETTI ALLE VONGOLE
Spaghetti mit Venusmuscheln

Spaghetti alle vongole gibt es das ganze Jahr über, man serviert das Gericht sowohl bei sommerlichen Treffen als auch bei festlichen Zusammenkünften in der Weihnachtszeit. Diese Spaghetti sind Neapels Pasta-Meisterstück, scheinbar einfach, aber mit starkem Geschmackskick. Hier wird die Pasta im »Torre Normanna« serviert, einem Restaurant in einem Wachtturm aus dem 13. Jahrhundert mit spektakulären Ausblicken über die Amalfiküste.

Pasta mit Venusmuscheln: Eine naheliegende Kombination, aber wie bei allen »einfachen« italienischen Gerichten täuscht der Schein. Zwar gibt es nur wenige Zutaten, aber bei denen geht es darum, die besten zu finden und diese richtig zu verarbeiten. Und die erste Frage ist: rot oder weiß? Ob man Tomaten zu dem Gericht gibt oder es einfach *bianco* (weiß) serviert – bei dieser Frage sind selbst die größten Köche geteilter Meinung. Häufiger wird die Pasta rot serviert – dafür ergreifen auch die meisten Gastronomen Partei. Aber letztendlich bleibt es eine Frage des Geschmacks.

Da es sich um ein einfaches, sommerliches Gericht handelt, sollte man die Zutaten ebenso frisch und unkompliziert wie einen Morgen am Strand halten. Wenn Sie die Pasta *rosso* (rot) zubereiten, verwenden Sie frische, süße Tomaten. Und wenn Sie die *vongole* mit Chilischoten mögen, nehmen Sie immer frische statt getrockneter. Im Restaurant »Torre Normanna«, dessen Terrassen, Nischen und Essräume sich in einem normannischen Wachtturm aus dem 13. Jahrhundert an der Amalfiküste befinden, wird das Gericht auf beide Arten serviert. »Wir überlassen es unseren Gästen«, sagt der Besitzer Ivano Proto, »wir lassen sie selbst entscheiden, da es wirklich darauf ankommt, was man persönlich lieber mag.«

Das an der Amalfiküste hoch oben über den langen Sandstränden von Maiori gelegene Restaurant wird von Ivano und seinen Brüdern Daniele, Luigi und Massimo geführt, wobei die beiden Letzteren die Leitung über die Küche haben. Die meisten Zutaten für die Rezepte des »Torre Normanna« kommen direkt aus dem eigenen Garten und von Fischern und Fleischern der Gegend, die sorgfältig ausgewählt sind und nur beste Qualität liefern. Die Muscheln stammen allerdings aus dem nahe gelegenen Sardinien, denn nach Ivanos Meinung sind sie die besten für dieses Gericht und aufgrund ihrer Größe und ihres Geschmack einfach ideal, während die kleineren, süßer schmeckenden Sorten aus der Amalfiregion im »Torre Normanna« für gemischte Meeresfrüchtegerichte verwendet werden.

Köche //
Luigi und Massimo Proto
Ort //
Restaurant »Torre Normanna«, Maiori

SPAGHETTI ALLE VONGOLE
Spaghetti mit Venusmuscheln

Für 4 Portionen
Zubereitungszeit:
40 Minuten

200 g Venusmuscheln
100 ml natives Olivenöl extra
2 Knoblauchzehen
100 g Piennolo-Tomaten (optional), grob zerkleinert
400 g grobe/raue Spaghetti (eine gröbere Spaghettisorte mit einer porösen Oberfläche macht das Gericht cremiger)
Salz
einige Stängel frische Petersilie, Blättchen abgezupft
frisch gemahlener schwarzer Pfeffer

1. Bevor man mit der Vorbereitung des Gerichts beginnt, muss man sicher sein, dass die Muscheln keinen Sand enthalten. Dafür nimmt man zwei Muscheln und schlägt sie über einem Schneidebrett an ihren sich später öffnenden Seiten zusammen. Wenn Sand herausfällt, heißt das, dass die Muscheln voller Sand sind. Sie müssen weggeworfen werden.

2. Einen Durchschlag über eine Schüssel hängen und die Muscheln mehrere Male unter fließendem Wasser waschen, um allen Sand zu entfernen. So lange spülen, bis das Wasser klar bleibt.

3. Ein wenig Olivenöl in einen großen Topf geben und darin 1 Knoblauchzehe im Ganzen anschwitzen. Die Muscheln gut abtropfen lassen und zum Knoblauch in den Topf geben. Falls verwendet, jetzt die grob zerkleinerten Tomaten hinzufügen. Den Topf abdecken und die Temperatur erhöhen; durch die Hitze öffnen sich die Muscheln.

4. Sobald sich die Muscheln geöffnet haben, den Herd ausschalten, damit das Muschelfleisch nicht durch zu langes Kochen seine Zartheit verliert.

5. Die Muscheln abgießen, dabei die während des Kochens ausgetretene Flüssigkeit auffangen und beiseitestellen. Die Hälfte der Muscheln aus der Schale lösen (dieser Schritt ist optional).

6. In einem großen Topf die Spaghetti in kochendem Salzwasser garen. Nach der Hälfte der Kochzeit abgießen, dabei das Kochwasser auffangen und einen Teil davon beiseitestellen.

7. Während die Spaghetti kochen, etwas Olivenöl und 1 ganze Knoblauchzehe (optional) in eine große Pfanne geben. Dann die beiseitegestellte Kochflüssigkeit von den Muscheln angießen und ein paar Minuten einkochen.

8. Die Petersilienblättchen fein hacken und etwas davon mit den halb gekochten und abgeseihten Spaghetti zur Knoblauchsauce geben.

9. Die Spaghetti nun in der Bratpfanne weitergaren. Die Muscheln ohne Schale hinzugeben, dann die Muscheln mit Schale sowie die restliche Petersilie. Mit Salz und Pfeffer abschmecken. Falls nötig, können ein paar Kellen des Pasta-Wassers hinzugegeben werden, um die Sauce anzudicken.

10. Sofort heiß servieren.

RAGÙ DI SUINO NERO DEI NEBRODI
Pappardelle mit Ragout von schwarzem Schwein

Das suino nero (schwarzes Schwein) lebt wild in Siziliens Nebrodi-Bergen, wo es eine der malerischsten Landschaften der Insel durchstreift. Aus dem wertvollem Fleisch dieser Schweine bereiten Renata Ferruzza und Laura Malleo, ein Mutter-Tochter-Team, im Restaurant »Percia Sacchi« ein ragù zu. Das Restaurant ist nach der alten Weizensorte persiasacchi benannt, für deren Wiederbelebung sich die beiden Frauen einsetzen.

Das aus Sizilien stammende wild lebende Schwein *suino nero dei nebrodi,* aus dessen schwarzem Fell vom Kopf bis zum Rücken ein Borstenkamm aufragt, ist eng verwandt mit anderen Wildschweinarten; das Tier gehört zum landwirtschaftlichen Leben im ländlichen, nordöstlichen Teil der Insel, wo es noch ausgedehnte Wälder gibt.

»Die Schweinerasse wird von der Slow-Food-Vereinigung gefördert«, sagt Laura Malleo, »wir versuchen immer, Slow-Food-Zutaten zu verwenden, aber auf jeden Fall kochen wir mit Produkten regionaler Lieferanten. Oder wir pflanzen selbst an, was wir brauchen. Neben unserem Kräutergarten planen wir, mit dem Anbau von Weizen zu beginnen: mit den Sorten *tumminia* und *perciasacchi,* das sind zwei der vier alten Weizensorten, an denen meine Mutter großes Interesse hat.«

Lauras Mutter Renata fing damit an, zu Hause auf ihrer Terrasse für Gäste zu kochen – und die drängten sie schließlich dazu, ein Restaurant zu eröffnen. Das tat sie 2012 und sieht darin ein *investimento di passion* (eine Investition aus Leidenschaft). Renata ist eine Art Lebensmittelwissenschaftlerin, in ihrem Restaurant serviert sie Pizza, Brot und Pasta aus vier fast vergessenen Getreidesorten: *tumminia, russello, bibi* und *perciasacchi. Perciasacchi* gab dem Restaurant seinen Namen, der so viel wie »macht Löcher in die Säcke« bedeutet, so spitz ist dieser Weizen.

»Ursprünglich hieß die Sorte *farro lungo* (langer Dinkel), sie stammt aus Sizilien und ist mindestens 600 Jahre alt – heute ist sie auch als Kamut bekannt«, erzählt Laura, »wir vermahlen *perciasacchi* und andere alte Getreidesorten kalt auf Steinmühlen, um den optimalen Ernährungswert zu erhalten. Die Körner werden so wenig behandelt, wie es nur geht, und das ergibt eine ganz schön gesunde Pizza!« Diese Weizensorten mit langer Geschichte erleben eine Wiederentdeckung in Sizilien, wo kleine Produzenten wie Laura und Renata beginnen, sie wieder anzubauen.

»Wir sind immer auf der Suche nach traditionellen Rezepten«, sagt Laura, »wir treffen uns mit Leuten aus der Gegend – mit alten Leuten, die zu Hause kochen und oft ein sehr wertvolles Wissen haben. Sie schreiben diese Schätze nicht auf, alles wird nur mündlich weitergegeben. Aber sie wissen, dass meine Mutter und ich uns dafür begeistern, und wenn am Montag das Restaurant geschlossen ist, laden sie uns zu sich nach Hause ein. Dann kochen und reden wir und tauschen Rezepte aus. Die Ergebnisse teilen wir mit unseren Gästen.«

Köchinnen //
Renata Ferruzza und Laura Malleo
Ort //
Restaurant »Percia Sacchi«, Palermo

RAGÙ DI SUINO NERO DEI NEBRODI
Pappardelle mit Ragout von schwarzem Schwein

Für 8 Portionen
Zubereitungszeit: 4 Stunden 30 Minuten

2–3 EL natives Olivenöl extra
1 rote Zwiebel, gewürfelt
2 Karotten, geschält und gewürfelt
1 kg Schweinefleisch vom Nebrodi-Schwein (Nacken, Schulter, Bauch; alternativ gleiche Stücke vom Wildschwein oder Schwein), mit dem Messer zu grobem Hackfleisch geschnitten
etwas trockener Rotwein
250 ml Passata (siehe Seite 265)
5 EL Extrakt aus sonnengetrockneten Tomaten
8–9 getrocknete Wacholderbeeren
1 Zweig frischer Rosmarin, Nadeln abgezupft
5 frische Lorbeerblätter
6 getrocknete Gewürznelken
4 Stängel frischer wilder Fenchel, Fähnchen abgezupft und klein gehackt
800 g frische Pappardelle-Nudeln
Salz
frisch gemahlener schwarzer Pfeffer
frischer wilder Fenchel zum Garnieren

1 In einem Bräter das Olivenöl erhitzen. Zwiebeln und Karotten darin anschwitzen, bis sie Farbe annehmen.

2 Das sehr klein geschnittene Fleisch hinzugeben.

3 Rotwein, Passata, Extrakt aus sonnengetrockneten Tomaten, Wacholderbeeren und alle Kräuter hinzufügen. Alles 3 Stunden 30 Minuten köcheln lassen.

4 Die frischen Pappardelle-Nudeln in einem großen Topf in kochendem Salzwasser 3–4 Minuten garen. Dann abgießen, dabei 50 ml Kochwasser auffangen und beiseitestellen.

5 Die Nudeln mit dem Fleischragout im Bräter durchschwenken, dann die Temperatur reduzieren, das beiseitegestellte Nudelkochwasser hinzufügen, mit Salz und Pfeffer abschmecken und 3 Minuten köcheln lassen.

6 Mit wildem Fenchel garniert servieren.

»Wir bereiten das ragù so zu, wie wir es zu Hause machen würden – mit den zartesten Teilen des Schweins, die sehr klein geschnitten werden. Die Zubereitung dauert mindestens dreieinhalb Stunden, aber das Geheimnis ist nicht die Zeit, sondern die Liebe, die man in diese Stunden steckt – das Kosten, das Rühren, das Überprüfen, das Korrigieren, sodass man am Ende genau die richtige Kombination aus Aromen bekommt – von Rosmarin, Fenchel und Wacholder, die dieses Gericht so sehr nach Sizilien duften lassen.«

Laura Malleo

CANNOLI

Das südlich von Palermo gelegene Städtchen Piana degli Albanesi, in der noch immer die meisten Einwohner albanischen Ursprungs sind, kann mit zwei sizilianischen Superlativen aufwarten: seiner malerischen Lage inmitten friedlicher Wiesen und Hügel und einem köstlichen sizilianischen Dessert.

Cannoli, die »kleinen Rohre«, sind zweifellos eines der beliebtesten italienischen Desserts. Die knusprigen, zylindrischen, mit süßer Ricottacreme gefüllten Teigröllchen werden in ganz Italien gegessen, aber in Piana degli Albanesi rühmt man sich, die besten zu machen. In der Stadt wird die Leckerei sogar mit einem ihr gewidmeten Fest gefeiert, der »Sagra del Cannolo«, das üblicherweise in der ersten Maiwoche stattfindet.

Bei Cannoli denkt man zwar an Sizilien, aber tatsächlich haben die Cremeröllchen einen exotischeren Ursprung. Sizilianisches Essen ist ein kulinarisches Porträt der vielen Kulturen, die die Insel einst beherrschten oder hier ihr Zuhause fanden: Griechen, Spanier, Franzosen, Araber und im Fall von Piana degli Albanesi im 15. Jahrhundert von den Ottomanen aus ihrer Heimat vertriebene Albaner. Solche vielfältigen Einflüsse sind in einigen der bekanntesten sizilianischen Gerichte gegenwärtig. Was die Cannoli angeht, können wir arabischen Gebäckkünstlern des 9. Jahrhunderts danken, die Zuckerrohr einführten und sich die Kombination mit Ricotta und knusprigem Teig ausdachten, die aufgrund ihrer Form und der reichhaltigen Zutaten ein Symbol von Wohlstand und Fruchtbarkeit geworden ist.

»Es muss auf jeden Fall Ricotta aus Schafsmilch sein«, sagt Davide Di Noto von der »Pasticceria Di Noto« in Piana degli Albanesi, »Ricotta aus Kuhmilch hat nicht diesen intensiven Geschmack. Und der Ricotta aus unserer Umgebung ist noch geschmackvoller wegen der Höhe, in der die Schafe weiden. Die wilden Gräser und Kräuter, die sie fressen, sind gehaltvoller als die auf weniger hoch liegenden Weiden.«

Koch //
Davide Di Noto
Ort //
»Pasticceria Di Noto«,
Piana degli Abanesi

CANNOLI

Ergibt 12–14 Cannoli
Zubereitungszeit: 20 Minuten

1 ¾ kg Ricotta
250 g Puderzucker
350 g Weizenmehl (Type 405) plus etwas für die Arbeitsfläche
1 EL Kakaopulver
½ EL Zucker
½ TL Salz
35 g Schmalz/Backfett
100 ml roter Likörwein (Marsala)
1 Ei (Größe M), verquirlt
natives Olivenöl extra zum Frittieren

1 Für die Füllung Ricotta und Puderzucker in einer Schüssel cremig schlagen.

2 Für die Röllchen Mehl, Kakaopulver, Zucker, Salz und Schmalz oder Backfett in einer großen Schüssel gut vermengen und nach und nach den Wein hinzugeben, bis sich ein Teig bildet. Teig zum Ball formen und in Frischhaltefolie gewickelt 1 Stunde kalt stellen.

3 Auf einer leicht bemehlten Arbeitsfläche den Teig etwa 3 mm dick ausrollen. Mit einem Keksausstecher Kreise von etwa 7,5 cm Durchmesser ausstechen und um Stäbe wickeln. Die Enden mit verquirltem Ei verbinden.

4 Das Olivenöl – genug, um die Cannoli zu bedecken – in einem großen Topf auf 180 °C erhitzen und die Teigröllchen darin goldbraun frittieren. Auf Küchenpapier abtropfen lassen. Wenn der Teig beginnt abzukühlen, die Stäbe vorsichtig entfernen.

5 Wenn die Röllchen abgekühlt sind, jede mit 150 g Ricottamischung füllen und mit Toppings (siehe unten) nach Wunsch dekorieren.

Tipp

Mascarpone, mit dem Cannoli auf der ganzen Welt oft gefüllt sind, ist ein schlechter Ersatz für Ricotta; er hat weniger Geschmack und enthält mehr Fett. Als Garnitur können Sie Stückchen kandierter Früchte (Zitrone, Orange und Kirsche) oder ungesalzene Pistazien verwenden. Manchmal sieht man auch neumodische Chocolate Chips.

SORBETTO DI LIMONE
Amalfi-Zitronen-Sorbet

Die Zitronen der Amalfiküste, die korrekt sfusato amalfitano heißen, sind groß und süß, haben einen einzigartigen Duft und ein IGP-Prädikat. Die Früchte reifen auf den Terrassen an den Hängen der Küste und werden in allen möglichen Speisen von Kuchen und Salaten bis zu Likören, Sorbets und Eiscreme verarbeitet: ein sonniges Symbol der Küste von Kampanien.

Die Zitronen von der Amalfiküste und der Sorrento-Halbinsel ähneln in ihrer Größe fast schon Grapefruits, jedoch zeichnet sie ihre Saftigkeit und Süße aus und macht sie zu einem Favoriten aller Köche. Die im Winter geernteten Früchte mit den wenigen Kernen und dem besonders saftigen Fleisch erreichten die italienische Küste während der Kreuzzüge und bereichern schon lange die Küche Kampaniens. Sie wurden aber auch angebaut, um Seeleute vor Skorbut zu schützen.

Heute werden ihre heilenden Kräfte wiederentdeckt und sie werden vom Öl in ihrer Schale bis zu ihren Kernen für Cremes und Salben verarbeitet. Am verbreitetsten ist ihre Verwendung aber für süße Leckereien, zum Beispiel werden ihre Schalen in zuckrigem Alkohol eingelegt, um Limoncello herzustellen, Italiens Happy-Holiday-Getränk. Der Zitronensaft wird mit Wasser oder Milch und Zucker zu Eiscreme und Sorbet gefroren und so trägt die Frucht nicht unbeträchtlich zum Geschäft vieler Strand-Kioske, Eiswagen und Cafés bei.

Sorbet genießt man als Digestif oder Gaumenreiniger und als süßen Energiekick. Es ist sehr einfach herzustellen, weshalb das Rezept auch schon viel länger als das von Eiscreme existiert. Der einzige Unterschied zwischen den beiden besteht darin, dass Sorbet mit Wasser und Eiscreme mit Milch hergestellt wird. Vor Tausenden Jahren wurden Eis und Schnee für den Verzehr im Sommer gelagert, aber Plinius dem Älteren zufolge waren die Römer die ersten, die ein gefrorenes Lebensmittel von fester Textur kreierten, das mit Honig und Früchten zubereitet wurde und dem heutigen Sorbet schon ziemlich ähnlich war.

Koch //
Andrea Esposito
Ort //
Amalfiküste

SORBETTO DI LIMONE
Amalfi-Zitronen-Sorbet

Für 8 Portionen
Zubereitungszeit: 1 Stunde 30 Minuten plus 2 Stunden Gefrierzeit

1 kg Amalfi-Zitronen, alternativ große unbehandelte
240 g Zucker
2 Eiweiß (optional)

1. Alle Zitronen dünn abschälen (nur das Gelbe verwenden, das Weiße schmeckt bitter) und die Schale beiseitestellen. Nun alle Zitronen entsaften und die Flüssigkeit durch ein Sieb abgießen.

2. Einen Sirup herstellen: die Zitronenschalen, Zucker und 250 ml Wasser in einem Topf 5–6 Minuten kochen und dann völlig auskühlen lassen. Den Sirup durchseihen und mit dem Zitronensaft verrühren.

3. Die Mischung in eine Schüssel gießen und 10 Minuten ins Tiefkühlfach stellen.

4. Die Mischung aus dem Tiefkühlfach nehmen und mit einem Schneebesen durchrühren, um alle Eiskristalle, die sich gebildet haben, aufzulösen. Wieder 10 Minuten ins Tiefkühlfach stellen.

5. Diesen Prozess des Gefrierens und Durchrührens so lange wiederholen, bis das Sorbet die gewünschte Konsistenz erreicht hat. Das dauert etwa 2 Stunden.

6. Um das Sorbet lockerer zu machen, kann man 2 Eiweiß schlagen, bis sich steife Spitzen formen. Wenn das Sorbet fest zu werden beginnt, das steife Eiweiß behutsam mit einem Schneebesen unterheben.

> »Die Spitze steht hervor, die Schale ist rau und verströmt einen angenehm süßen Duft, das Fleisch ist in acht oder neun Segmente unterteilt, der Geschmack ist angenehm sauer.«
>
> **Botaniker Giovanni Baptista Ferrari, der erste, der die charakteristischen Eigenschaften der italienischen Zitronen 1646 niederschrieb.**

GRUNDREZEPTE

EIERNUDELN

Zutaten
600 g italienisches Hartweizenmehl (Tipo 00; alternativ Weizenmehl (Type 405))
5 Eier (Größe M)
1 Prise Salz

1. Das Mehl auf eine saubere Arbeitsfläche sieben und zu einem Hügel mit einer Vertiefung in der Mitte formen.

2. Die Eier in die Vertiefung aufschlagen und 1 Prise Salz dazugeben. Alles vermengen und zu einem Teigball verarbeiten.

3. Den Teig gut kneten, als würde man Brotteig verarbeiten. Den Teig mit dem Handballen von sich wegdrücken, übereinanderklappen, umdrehen und so etwa 5 Minuten bearbeiten, bis er weich und elastisch ist.

4. Teig in Frischhaltefolie einschlagen und etwa 30 Minuten an einem kühlen Ort oder im Kühlschrank ruhen lassen.

NUDELTEIG OHNE EI

Zutaten
300 g Brotmehl, idealerweise halb ausgemahlen (alternativ, falls erhältlich, senatore cappelli (Hartweizenmehl))

1. Aus dem Mehl einen Berg mit einer Mulde formen, etwas Wasser in die Mulde geben und mit den Händen mit dem Mehl vermischen. Mehr Wasser hinzufügen und mit dem Mehl vermengen, bis alles zu einem Teigball geformt ist – am Ende sind bis zu 200 ml Wasser verarbeitet. Weiter mit Fingern und Handballen etwa 10 Minuten kneten. Der Teig soll am Ende dicht zusammenhängen und weder klebrig noch trocken sein.

2. Den Teig in ein Stofftuch wickeln und 10 Minuten bei Zimmertemperatur in der Küche ruhen lassen. Nach dem Auswickeln soll er weich und elastisch sein und die richtige Konsistenz haben, um ihn in der Nudelmaschine weiterzuverarbeiten.

SOFFRITO

Soffrito ist eine Gemüsebasis für viele italienische Gerichte, zum Beispiel ragù.

Zutaten
2 EL natives Olivenöl extra
1 große Zwiebel, fein gewürfelt
3 Stangen Sellerie, geputzt und fein gewürfelt
2 Karotten, geschält und fein gewürfelt
2 Knoblauchzehen, zerdrückt oder in feine Scheiben geschnitten
2 EL fein gehackte glatte Petersilie und/oder fein gehackter Rosmarin und/oder fein gehackter Salbei
2 frische Lorbeerblätter

1. Das Olivenöl in einem Topf mit schwerem Boden erwärmen. Gemüse, Knoblauch und Kräuter hinzufügen. Sanft anschwitzen, bis die Mischung weich ist und eine goldgelbe (nicht braune) Farbe angenommen hat.

PASSATA

Eine Tomatensauce voller Geschmack, gut geeignet, um eine große Menge Tomaten aufzubrauchen.

Zutaten
12 (oder mehr) große, reife Tomaten (etwa San-Marzano-Tomaten), grob zerkleinert
natives Olivenöl extra
1 große rote Zwiebel, fein gewürfelt
2 Knoblauchzehen, fein gewürfelt
1 Handvoll frisches Basilikum, gehackt
Salz

1. Die Sauce kann mit ungeschälten oder geschälten Tomaten zubereitet werden. Um die Haut zu entfernen, die Tomaten in kochendem Wasser blanchieren und dann häuten.

2. Olivenöl in einem Topf mit schwerem Boden erhitzen. Zwiebeln und Knoblauchzehen dazugeben und ein paar Minuten anschwitzen, bis sie weich sind. Dann die Tomaten hinzufügen.

3. Die Mischung bei geringer bis mittlerer Temperatur köcheln lassen, bis die Tomatenflüssigkeit zum größten Teil verdunstet ist und eine dicke Sauce übrig bleibt. Basilikum untermischen und nach Geschmack salzen. Die Mischung zu einer glatten Sauce pürieren.

BRÜHE

Diese Basisbrühe ist leichter als ihresgleichen in Großbritanien oder Frankreich und wird für viele Suppen und Pasta-Gerichte verwendet.

Zutaten
1 ½ kg Fleischknochen vom Rind und Huhn
1 Zwiebel, grob in Stücke geschnitten
1 große Karotte, geschält und grob in Stücke geschnitten
2 Stangen Sellerie, geputzt und grob in Stücke geschnitten
einige Fenchelstiele, geputzt und grob in Stücke geschnitten
1 Stange Lauch, geputzt und grob in Stücke geschnitten
1 Knoblauchzehe, gehackt
einige Pfefferkörner
1 Handvoll Stängel glatte Petersilie
1 frisches Lorbeerblatt

1. Die Knochen in einen großen Suppentopf geben. (Oder auch nach Wunsch 1 ganzes Huhn, das Fleisch kann nach der Hälfte der Kochzeit von den Knochen gelöst und aus der Brühe genommen werden.) Es ist typisch für italienische Brühe, dass die Knochen von Rind und Huhn verwendet werden.

2. Die Gemüse grob zerkleinern und zum Fleisch geben. Knoblauchzehe, Pfefferkörner, Petersilie und Lorbeerblatt ebenfalls dazugeben und alles mit kaltem Wasser bedecken.

3. Zum Kochen bringen und dann bei geringer Temperatur 2-3 Stunden halb abgedeckt köcheln lassen, damit der Dampf entweichen kann. Dabei ab und zu den Schaum von der Oberfläche abschöpfen. Die Brühe durch ein feines Sieb abgießen und weiterverarbeiten.

REZEPTQUELLEN

NORDOSTITALIEN

① **Massimo Spigaroli**, Antica Corte Pallavicina, Polesine Parmense, PR, Italien (Seiten 10-13)
www.anticacortepallavicinarelais.it
+39 052 493 6539

② **Massimo Bottura**, Osteria Francescana, Modena (Seiten 14-17)
www.osteriafrancescana.it
+39 059 223912

③ **Norbert Niederkofler**, St. Hubertus, Hotel Rosa Alpina, Dolomiten (Seiten 18-21)
www.rosalpina.it/restaurant-st-hubertus
+39 047 184 9500

④ **Jacopo Capponi**, Osteria Bancogiro, Campo San Giacometto, Venedig (Seiten 22-25)
www.osteriabancogiro.it
+39 041 523 2061

⑤ **Michele Roda**, Gianni a la vécia Bulàgna, Bologna (Seiten 26-31)
+39 051 229434

⑥ **Gabriele Ferron**, Ristorante Pila Vecia, Riso Ferron, Isola della Scala, Verona (Seiten 32-35)
www.risoferron.com/ristoranti/ristorante
+39 045 6630642

⑦ **Caterina Nason und Giovanna Arcangeli**, Acquastanca, Murano, Venedig (Seiten 36-41)
www.acquastanca.it
+39 041 319 5125

⑧ **Vera Caffini**, Aquila Nigra, Mantua (Seiten 42-45)
www.aquilanigra.it
+39 037 632 7180

⑨ **Nicola Laera**, La Stüa de Michil, Hotel La Perla, Corvara, Alta Badia (Seiten 46-51)
www.hotel-laperla.it
+39 047 183 1000

⑩ **Mauro Fabbri**, Ristorante Diana, Bologna (Seiten 52-55)
www.ristorante-diana.it
+39 051 231302

⑪ **Gianmaria Cozza**, Locanda Sandi, Valdobbiadene (Seiten 56-59)
www.locandasandi.it
+39 042 397 6239

⑫ **Federico Moro**, Le Beccherie, Treviso (Seiten 60-63)

NORDWESTITALIEN

① **Andrea Chiuni**, Tre Galline, Turin (Seiten 66-69)
www.3galline.it
+39 011 436 6553

② **Enrico Crippa**, La Piola, Alba (Seiten 72-75)
www.lapiola-alba.it
+39 017 344 2800

③ **Ivana und Giorgio Balboni**, Il Ristoro di Grimaldi, Genoa (Seiten 76-79)
+39 010 251 4179

④ **Arturo Magi**, La Vecchia Latteria, Mailand (Seiten 80-83)
+39 026 597653

⑤ **Paolo Scarpa**, Osteria da Nando, Valle d'Aosta (Seiten 84-87)
www.osterianando.com
+39 016 544455

⑥ **Stefano Paginini**, Alla Corte Degli Alfieri, Magliano Alfieri, Piemont (Seiten 88-91)
www.stefanopaganini.it
+39 017 366244

⑦ **Ruggero Rolando**, Ristorante Carignano, Grand Hotel Sitea, Turin (Seiten 92-95)
www.grandhotelsitea.it/ristorante
+39 011 517 0171

⑧ **Riccardo Benvenuto**, Sa Pesta, Genua (Seiten 96-99)
www.sapesta.it
+39 010 246 8336

⑨ **Fausto Oneto**, U Giancu, Rapallo, Genua (Seiten 100-103)
www.ugiancu.it
+39 018 526 0505

⑩ **Diego Pizzin**, Salumaio Montenapoleone, Mailand (Seiten 104-107)
www.ilsalumaiodimontenapoleone.it
+39 027 600 1123

⑪ **Matteo Baronetto**, Del Cambio, Turin (Seiten 108-111)
www.delcambio.it
+39 011 546690

⑫ **Marialuisa Romuss und Giulio Boschini**, Taverna Antico Agnello, Villa Nigra, Miasino (Seiten 112-115)
www.ristoranteanticoagnello.com
+39 0322 980527

⑬ **Monica Werling**, Stratta, Turin (Seiten 116-119)
www.stratta1836.it
+39 011 547920

⑭ **Pasticceria Marchesi**, Mailand (Seiten 120-123)
www.pasticceriamarchesi.it
+39 02 862 770

ZENTRALITALIEN

① **Elena Pardini**, Agriturismo Alle Camelie, Pieve di Compito, Toskana (Seiten 126-129)
www.allecamelie.it
+39 058 397 7001

② **Simone Balleggi**, Trippaio di San Frediano, Florenz (Seiten 130-133)

③ **Enrico und Gina Rufini**, Agriturismo Biologico Palazzi Rufini, Corciano, Perugia (Seiten 134-137) www.palazzirufini.it
+39 075 605 9319

④ **Vito Mollica**, Il Palagio, Palazzo della Gherardesca, Florenz (Seiten 138-141)
www.fourseasons.com/florence/dining/restaurants/il_palagio
+39 055 26261

⑤ **Andrea Laurenzi**, Castello di Petroia, Gubbio PG, Umbrien (Seiten 142-145)
www.petroia.it
+39 075 920287

⑥ **Michelangelo Rongo**, Ristorante Aragosta, Livorno (Seiten 146-149)
www.aragostasrl.com
+39 058 689 5395

⑦ **Cristina Bowerman**, Romeo, Rom (Seiten 150-153)
www.glass-restaurant.it
+39 065 833 5903

⑧ **Francesco und Elio Mariani**, Checchino, Rom (Seiten 154-157)
www.checchino-dal-1887.com
+39 065 743816

⑨ ⑩ **Gina, Paola und Carla Barucci**, La Bottega di Volpaia, Radda in Chianti (Seiten 158-161 und 167-169)
www.labottegadivolpaia.it
+39 057 773 5602

⑪ **Rosi und Teresa Rossi**, La Carbonara, Rom (Seiten 162-165)
www.lacarbonara.it
+39 064 825176

⑫ **Stefano Ruzzoli**, L'Archeologia, Rom (Seiten 170-173)
www.larcheologia.it
+39 067 880494

SÜDITALIEN

① **Rico Cesario and Francesco Pastore**, Osteria del Tempo Perso, Ostuni (Seiten 176-179)
www.osteriadeltempoperso.com
+39 083 130 4819

② **Antonella Scatigna**, La Taverna del Duca, Locorotondo (Seiten 180-183)
www.tavernadelducascatigna.it
+39 080 4313007

③ **Giuseppe Di Mauro**, Antica Focacceria San Francesco (Seiten 184-187)
www.anticafocacceria.it
+39 028 75411

④ **Mimmo di Raffaele**, Hotel Belmond Caruso, Ravello (Seiten 288-191)
www.belmond.com/hotel-caruso-amalfi-coast
+39 089 858800

⑤ **Tony Lo Coco**, I Pupi, Bagheria, Sicily (Seiten 192-195)
www.ipupiristorante.it
+39 091 902579

⑥ **Nicola Casamassima und Francesco Ambrosecchia**, Le Botteghe, Matera (Seiten 196-199)
www.lebotteghematera.it
+39 083 534 4072

⑦ **Antonio Tommasino**, Pizzeria Bellini, Neapel (Seiten 200-203)
+39 081 459774

⑧ **Mario Ezzat**, La Pergola, Santa Maria di Castellabate (Seiten 204-207)
www.lapergola-hotel.it
+39 097 496 1008

⑨ **Antonella De Vitis**, Antico Monastero, Felline (Seiten 208-211)
www.anticomonastero.com
+39 083 3985105

⑩ **Nicola Colucci**, La Tana, Martina Franca (Seiten 212-215)
www.ristorantelatana.it
+39 080 480 5320

⑪ **Emiliano Rocchi**, Agriturismo Portella Ginestra, Piana degli Albanesi, Sizilien (Seiten 216-219)
www.agriturismoportelladellaginestra.it
+39.091.857.4810

⑫ **Carmella Carlucci und Gina Saporito**, Osteria Monacelle, Ostuni (Seiten 220-223)
www.osteriamonacelle.it
+39 083 1334212

⑬ **Gigi Giustizieri**, Gustavo Braceria, Gustavo, Salento (Seiten 224-227)
www.gustavoristoro.it
+39 345 615 5711

⑭ **Lillino Silibello**, Ristorante Cibus, Ceglie Messapica (Seiten 228-231)
www.ristorantecibus.it
+39 083 138 8980

⑮ **Gianluca D'Agostino**, Veritas, Neapel (Seiten 232-235)
www.veritasrestaurant.it
+39 081 660585

⑯ **Francesco Abbondanza**, L'Abbondanza, Matera (Seiten 236-239)
+39 083 533 4574

⑰ **Ginevra Notarbartolo**, Baglio di Pianetto, Sizilien (Seiten 240-243)
www.bagliodipianetto.com
+39 091 857 0002

⑱ **Mario Avallone**, La Stanza del Gusto, Neapel (Seiten 244-247)
www.lastanzadelgusto.com
+39 081 401578

⑲ **Ivano, Daniele, Luigi und Massimo Proto**, Torre Normanna, Amalfi (Seiten 248-251)
www.torrenormanna.net
+39 089 8771 00

⑳ **Renata Ferruzza und Laura Malleo**, Percia Sacchi, Palermo, Sizilien (Seiten 252-255)
www.perciasacchi.it
+39 091 612 3960

㉑ **Davide Di Noto**, Pasticceria Di Noto, Piana degli Albanese (Seiten 256-259)
+39 091 857 1195

㉒ **Andrea Esposito**, Amalfiküste (Seiten 260-263)

REGISTER

Agnello di masseria con carciofi 221
Alici nell'orto 175, 189
Amalfi-Zitronen-Sorbet 261, 262
Antipasti aus Apulien 177
Arancini 175, 185, 186
Artischocke
   Lamm mit Artischocken 221, 222
   Sardellen mit saisonalem
     Gartengemüse 190
   Tagliolini mit Scampi und
     Artischocken 38, 40
Aubergine
   Auberginensalat mit gebratenem
     Oktopus 245
   Pasta alla Norma 175, 241, 242
   Scheiben, überbackene, mit Anelletti
     und Hackfleisch gefüllte 217, 218
Baccalà mantecato del Bancogiro 25, 26
Bagna caoda 65, 73, 74
Bandnudeln mit Tomaten, Endivien und
   Ricotta 225, 226
Barschfilet, mariniertes 65, 113, 114
Bohnen-Kohl-Suppe, toskanische 127, 128
Brot-Gnocchi mit Pesto aus schwarzen
   Oliven und Pecorino 213, 214
Brühe 265
Burratina con melograno 178
Burratini mit Granatapfelkernen 178
Caciocavallo-Käse
   Frittierte gefüllte Reisbällchen 186, 218
   Spaghettoni mit Kräuterseitlingen und
     Caciocavallo 237, 238
   Überbackene, mit Anelletti und
     Hackfleisch gefüllte Auberginen-
     scheiben 217, 218
Cannoli 175, 257, 258
*Caponata di melanzane con polpo
   arrostito* 245
Cappellacci mit Kartoffelfüllung und
   Rindfleischsauce 143, 144
Cappellacci ripieni di patate 143
Carbonara 125, 151, 152
Cardoncelli-Pilze mit Teig-Topping
   gebacken 178
*Cavatelli con ceci neri lucani a profumo
   di rosmarino* 197
Cavatelli mit schwarzen Kichererbsen
   und Rosmarin 175, 197, 198
Cinghiale in umido con olive 167
*Cocotte di porro brasati, uove pochè e
   tartufo nero* 67
Coda alla vaccinara 155
*Coscia di coniglio grigio di carmagnola,
   farcita con tartufo nero, polenta e funghi
   prataiolo trifolati* 65, 93

Dicke Bohnen
   Püree aus Dicken Bohnen und
     Endivien 182
Eiernudeln 264
Endivien
   Bandnudeln mit Tomaten, Endivien und
     Ricotta 225, 226
   Püree aus Dicken Bohnen und
     Endivien 182
Farinata genovese 77, 78
Fiori di zucca 179
Fischeintopf, Livorneser 147, 148
Fontina-Käse
   Polenta mit Fontina-Käse 65, 85, 86
Francesina 125, 139, 140
Frittierte gefüllte Reisbällchen 175, 185, 186
Fünf verschiedene Parmesankäse 15
Gedünsteter Lauch, pochiertes Ei und
   schwarzer Trüffel in der Kasserolle 65, 67
Gefüllte Kaninchenkeule mit Polenta und
   gebratenen Champignons 65, 93
Gefüllte Zucchiniblüten 179
Gegrillte Thunfisch-Tintenfisch-Röllchen 193
Gnocchi con sugo di spuntature di maiale 163
*Gnocchi di pane al pesto di olive nere e
   pecorino* 213
Gnocchi in Schweinerippchen-
   Sauce 163, 164
Grana Padano
   Kürbis-Tortelli 9, 43, 44
   Ligurische Trofie mit Pesto 98
Graukäse
   Klöße mit Graukäse 21, 22
Hühnchenfleisch
   Brühe 265
   Tortellini in Brühe 9, 29, 30
Il cacciucco alla livornese 147
*I soffici ai tre parmigiani in brodo di gallina
   fidentina con verdura dell'orto* 11
Kalbfleisch
   Frittierte gefüllte
     Reisbällchen 175, 185, 186
   Kalbfleisch mit Thunfisch-
     Kapern-Sauce 65, 109, 110
   Kalbsschnitzel auf römische
     Art 125, 171, 172
   Risotto all'isolana 33, 34
Kalbshaxe
   Cappellacci mit Kartoffelfüllung und
     Rindfleischsauce 143, 144
   Ossobuco 65, 81, 82
   Kalbsschnitzel auf römische Art 125, 171, 172
Kaninchenkeule, gefüllte, mit Polenta und
   gebratenen Champignons 65, 93, 94

Kapern
   Auberginensalat mit gebratenem
     Oktopus 175, 246
   Kalbfleisch mit Thunfisch-
     Kapern-Sauce 65, 109, 110
   Sandwich mit Kuhlabmagen 125, 131, 132
Kichererbsenfladen 65, 77, 78
Klöße mit Graukäse 21, 22
Knoblauch-Sardellen-Dip 65, 73, 74
Kräuterseitlinge
   Spaghettoni mit Kräuterseitlingen und
     Caciocavallo 237, 238
Kürbis-Tortelli 9, 43, 44
Lamm mit Artischocken 221, 222
lampredotto
   Sandwich mit Kuhlabmagen 125, 131, 132
La stigghiola 175, 193, 194
Ligurische Trofie mit Pesto 65, 97, 98
Linguine con ricci di mare 205
Linsensuppe 125, 135, 136
Livorneser Fischeintopf 147, 148
Mangold
   Stockfisch mit Oliven und
     Gartengemüse 65, 102
   Toskanische Bohnen-Kohl-Suppe 127, 128
Mariniertes Barschfilet 65, 113, 114
Mascarpone
   Ravioli mit Haselnuss-Käse-Füllung 65, 90
   Tiramisu 61, 62
Mozzarella
   Pizza zum Zusammen-
     klappen 175, 201, 202
Nastrini di grano bruciato con pomodori,
   cicoria e ricotta 225
Nierenzapfen
   Tagliatelle al ragù 9, 54
Nudelteig ohne Ei 264
Ochsenschwanz-Schmortopf 155, 156
Oktopus
   Auberginensalat mit gebratenem
     Oktopus 175, 246
   Gegrillte Thunfisch-Tintenfisch-
     Röllchen 175, 194
   Livorneser Fischeintopf 147, 148
   Oktopus mit Tomaten, Kräutern und
     Kartoffeln 209, 210
Onglet
   Tagliatelle al ragù 9, 54
Orecchiette con cima di rapa 229
Orecchiette mit Stängelkohl 229, 230
Ossobuco 65, 81, 82
Osso buco 65, 81, 82
Palmkohl
   Toskanische Bohnen-Kohl-Suppe 127, 128
Pancetta
   Tagliatelle al ragù 9, 54

Panettone 65, 121, 122
Panino di lampredotto 131
*Pappardelle al ragù di cinghiale
  e funghi porcini* 159
Pappardelle mit Ragout von schwarzem
  Schwein 253, 254
Pappardelle mit Wildschwein-
  Steinpilz-Sauce 159
Parmesan
  Cappellacci mit Kartoffelfüllung und
    Rindfleischsauce 143, 144
  Fünf verschiedene Parmesan-
    käse 15, 16, 17
  Parmesan-Brot-Klößchen in Hühnersuppe
    mit Gartengemüse 12
  Risotto all'isolana 33, 34
  Risotto Milanese 65, 105, 106
  Risotto mit Radicchio aus Treviso und
    Prosecco 9, 58
  Spanferkelhaxe mit Kohlsalat, Knödeln
    und Kümmelsauce 47, 48
  Tortellini in Brühe 9, 29, 30
Parmesan-Brot-Klößchen in Hühnerbrühe
  mit Gartengemüse 11
Passata 265
Pasta alla Norma 241
Pecorino
  Brot-Gnocchi mit Pesto aus schwarzen
    Oliven und Pecorino 213, 214
  Carbonara 125, 151, 152
  Gnocchi in Schweinerippchen-
    Sauce 163, 164
  Ligurische Trofie mit Pesto 65, 97, 98
Pesce persico in carpione 65, 113, 114
Pesto aus schwarzen Oliven und
  Pecorino 213, 214
*Pezzogna all'acqua pazza con vongole e
  rucola* 233
Pezzogna mit Venusmuscheln und
  Rucola 233
Pizza a portafoglio 201
Pizza zum Zusammenklappen 175, 201, 202
Polenta mit Fontina-Käse 65, 85, 86
Polenta valdostana 65, 85
Polpo alla pignata 209, 210
Pressknödel 21, 22
Pugliese antipasti 177
*Pure di fave con le cicorie »incrapiata
  di fave«* 181
Püree aus Dicken Bohnen und
  Endivien 175, 181
Putenbrust
  Gefüllte Kaninchenkeule mit Polenta und
    gebratenen Champignons 94
Ragù di suino nero dei nebrodi 253
*Ravioli del plin con ripieno alla nocciola e
  crema al roccaverano* 89
Ravioli mit Haselnuss-Käse-Füllung 89
Reisbällchen, frittierte gefüllte 175, 185, 186
Ricotta
  Bandnudeln mit Tomaten, Endivien und
    Ricotta 225, 226

Cannoli 175, 257, 258
Fünf verschiedene Parmesan-
  käse 15, 16, 17
Parmesan-Brot-Klößchen in Hühnersuppe
  mit Gartengemüse 12
Pasta alla Norma 175, 241, 242
Überbackene, mit Anelletti und
  Hackfleisch gefüllte Auberginen-
  scheiben 217, 218
Riesengarnelen
  Livorneser Fischeintopf 147, 148
Rindfleisch
  Pappardelle mit Wildschwein-
    Steinpilz-Sauce 160
  Toskanischer Rindfleisch-
    salat 125, 139, 140
  Überbackene, mit Anelletti und
    Hackfleisch gefüllte Auberginen-
    scheiben 217, 218
Rindfleischsalat, toskanischer 125, 139, 140
Risotto alla milanese 105, 106
Risotto all'isolana 33, 34
Risotto al radicchio di Treviso e prosecco 57
Risotto Milanese 65, 105, 106
Risotto mit Radicchio aus Treviso und
  Prosecco 57
Roccoverano-Käse
  Ravioli mit Haselnuss-Käse-Füllung 65, 90
Saltimbocca alla romana 125, 171, 172
Sandwich mit Kuhlabmagen 125, 131, 132
Sardellen
  Kalbfleisch mit Thunfisch-
    Kapern-Sauce 65, 109, 110
  Knoblauch-Sardellen-Dip 65, 73, 74
  Orecchiette mit Stängelkohl 229, 230
  Sandwich mit Kuhlabmagen 125, 131, 132
  Sardellen mit saisonalem Garten-
    gemüse 190
Scampi
  Tagliolini mit Scampi und
    Artischocken 38, 40
Schmortopf, Ochsenschwanz- 155, 156
Schokoladen-Haselnuss-Kuchen 117, 118
Schweinefleisch
  Gnocchi in Schweinerippchen-
    Sauce 163, 164
  Pappardelle mit Ragout von schwarzem
    Wildschwein 253, 254
  Risotto all'isolana 33, 34
  Tortellini in Brühe 9, 29, 30
  Überbackene, mit Anelletti und
    Hackfleisch gefüllte Auberginen-
    scheiben 217, 218
Schweinerippchen-Sauce 163, 164
Seeigel-Linguine 175, 205, 206
Sepia
  Livorneser Fischeintopf 147, 148
soffritto 264
  Tagliatelle al ragù 9, 54
Sorbetto di limone 175, 261, 262
Spaghetti alle vongole 249, 250
Spaghetti mit Venusmuscheln 175, 249, 250

*Spaghettoni con cardoncelli e
  caciocavallo* 175, 237, 238
Spaghettoni mit Kräuterseitlingen und
  Caciocavallo 237, 238
Spanferkelhaxe mit Kohlsalat, Knödeln und
  Kümmelsauce 47, 48
*Stinco di maialino cotto a bassa temperatura,
  insalata di cappuccio, canederlo al torcione e
  salsa al cumino* 47
Stocafisso accomodato alla genovese 101
Stockfisch-Creme auf Polenta-
  Crostini 9, 25, 26
Stockfisch mit Oliven und Garten-
  gemüse 101
Tagliatelle al ragù 53
Tagliolini con scampi e carciofi 37
Tagliolini mit Scampi und
  Artischocken 9, 37
*Tegamino di funghi cardoncelli in crosta
  di pane* 178
Thunfisch
  Gegrillte Thunfisch-Tintenfisch-
    Röllchen 175, 194
  Kalbfleisch mit Thunfisch-
    Kapern-Sauce 65, 109, 110
Thunfisch-Tintenfisch-Röllchen,
  gegrillte 193
Timballo di anellietii al forno 217
Tiramisu 61, 62
Torta alle nocciole 65, 117
Tortelli di zucca 43
Tortellini in brodo 29
Tortellini in Brühe 9, 29, 30
Toskanische Bohnen-Kohl-Suppe 127, 128
Toskanischer Rindfleischsalat 125, 139, 140
Trofie al pesto 97, 98
Trofie, ligurische, mit Pesto 65, 97, 98
Trüffeln
  Gedünsteter Lauch, pochiertes Ei und
    schwarzer Trüffel in der Kasserolle 68
  Gefüllte Kaninchenkeule mit Polenta und
    gebratenen Champignons 94
Überbackene, mit Anelletti und Hackfleisch
  gefüllte Auberginenscheiben 217, 218
Venusmuscheln
  Pezzogna mit Venusmuscheln und
    Rucola 175, 234
  Spaghetti mit Venusmuscheln 175, 249, 250
Vitello tonnato 109, 110
Weißkohl
  Spanferkelhaxe mit Kohlsalat, Knödeln
    und Kümmelsauce 47, 48
  Toskanische Bohnen-Kohl-Suppe 127, 128
Wildschwein
  Pappardelle mit Wildschwein-
    Steinpilz-Sauce 160
  Wildschweingulasch mit Oliven 167, 168
Wildschweingulasch mit Oliven 167, 168
Wildschwein-Steinpilz-Sauce 159, 160
Zucchiniblüten, gefüllte 179
Zuppa alla frantoiana 127
Zuppa di lenticchie 135

ÜBER DIE AUTORIN

Sarah Barrell arbeitet seit fast 20 Jahren als Reisejournalistin und hat an mehreren Lonely-Planet-Titeln mitgearbeitet, darunter bei *You Only Live Once* und *Great Escapes*. Ehemalige Redakteurin für den Bereich Reise beim *Independent on Sunday* und derzeitige Redakteurin für den Reisebereich beim Food-Magazin *Olive*. Sarah schreibt zurzeit als freie Mitarbeiterin für mehrere angesehene britische Zeitungen und Magazine, darunter *National Geographic Traveller*, bei dem sie Mitherausgeberin ist.

Sarah hat für Zeitungen und Zeitschriften wie zum Beispiel den *Guardian*, *The Times*, den Telegraph, den *Express* und den *Evening Standard* geschrieben, unter anderem mit Preisen ausgezeichnete Reiseerzählungen, die ein breites Spektrum abdecken, vom Bauchtanzlernen in der Türkei bis zum Aufspüren von Schneeleoparden in Sibirien. Ihr nächster Job wird sie nach Neuseeland führen, um über die Food-Szene in South Island zu schreiben, und unweigerlich wieder nach Italien, wohin die Kochkünste ihrer angeheirateten Verwandten sie immer wieder locken. Wenn sie nicht unterwegs ist, steht Sarah in der Küche, um ein Versprechen zu erfüllen, das sie ihrer Tochter gegeben hat: »etwas zu backen, was keine Katastrophe ist«. Besuchen Sie sie auf www.sarahbarrell.com und @TravelBarrell.

»Es waren die Tomaten, die es mir angetan haben – in dicke Scheiben direkt in der Hand geschnitten, so wie Italiener einer bestimmten Generation es tun. Die Tante des Ehemanns meiner Schwägerin hatte sie gerade in ihrem Garten gepflückt. Sie rochen ganz nach der Definition von reif: ein reicher, grüner, schwerer Duft, der vom Sommer sang. Sie fügte nichts weiter hinzu als natives Olivenöl extra, jung, dickflüssig, fast undurchsichtig, direkt aus ihrer Gegend in Kalabrien. Ich hatte noch nie etwas so Gutes gekostet, etwas, das einfach so richtig schmeckt. In dem Moment wusste ich, dass Italiener Essen nicht nur lieben, sondern leben.

Für mich ging es in der italienischen Küche immer um das Produkt, pur und einfach, von der Sonne durchtränkt, selbst angebaut und ehrlich. Ein Rezept mag aus nicht mehr als einer Handvoll Zutaten bestehen, aber wie man in italienischen Restaurants weltweit beobachten kann, die nur ein blasser Abklatsch des Originals sind, kann man mit einfachen Rezepten sehr leicht alles falsch machen. Italiens geniale und kluge Köche wissen, woher sie ihre Zutaten bekommen und wie sie mit ihnen umgehen, wie sie sie nicht übermächtig werden lassen und wie sie sie zusammenbringen. Dafür besitzen sie das Verständnis von Generationen und behandeln Essen mit viel Liebe.

In Italien Rezepte aufzuschreiben, bei einer Kultur, die sich mit den Händen ausdrückt, ist eine schwierige Angelegenheit. Hier wird das Kochen mit Gesten erklärt, nicht mit Maßen: eine Prise, ein Schulterzucken und ganz häufig ein »QB« (*quanto basta* – »so viel wie nötig«). Wenn ich eines von Tanten, Köchen und vielen *nonna*-Köchinnen zu Hause gelernt habe, dann ist es, die authentischsten Zutaten zu beschaffen, mit Instinkt und allen Sinnen zu arbeiten und sich schließlich daran zu erfreuen, Freunde und Familie zu bekochen, *quanto basta*.«

DANKSAGUNGEN

In keiner bestimmten Reihenfolge möchte ich diesen Personen *mille grazie* sagen: Carolyn Spinks von ABTOI für die italienischen Kontakte (www.loveitaly.co.uk) * Claire Northcott und Alessandra Poli dafür, dass sie in erster Reihe standen – Fototermine gemacht, Rezepte übersetzt, Köche besorgt und einem Ansturm von E-Mails standgehalten haben * Vincent De Cat für den nötigen Rückzugsort – eines der wunderbarsten restaurierten Apartments, in denen ich je gewohnt habe (www.nardosalento.com) * Lynsey Devon und dem Alta-Badia-Team für ihre großartige Gastfreundschaft (www.altabadia.org) * Vivienne Gonley für ihre sachkundige Hilfe bei Rezepten und Recherche (www.zafferano.co.uk) * Marcus für unerschrockenen Glauben und eine sehr nötige nordische Perspektive. * Meiner lieben Freundin Kate Simon und ihrem Bruder Peter Simon für ihre Unterstützung, die gute Laune im richtigen Moment und ihre Tipps für Apulien * Meinem Herausgeber Robin Barton für seine Offenheit gegenüber überraschenden Ideen, für unterstützende Worte und das Versprechen eines Pasta-Oscars * Den beiden Vitos: dem überschwänglichen Vito Mollica vom »Four Seasons« in Florenz für seine sachkundige Hilfe und seinen Enthusiasmus und seinem Freund Vito Signati, Gentleman und ehrenamtlicher Botschafter für Matera * Sextantio le Grotte della Civita für die bequemsten Nächte, die ich je in einer Höhle verbracht habe. Möge das Konzept der *albergo diffuso* lange leben und gedeihen (www.sextantio.it/grotte-civita/) * Roms neuestem Unterschlupf: AMM Suites (www.ammsuite.com) * Meiner besten Reisefreundin Celia für ihre immer erfrischende Gesellschaft und den cleveren Mailand-Blog (www.milanapartment.co.uk) * Sean Caulfield, der zwar mit der Toskana verheiratet sein mag, aber in ganz Italien eine unschätzbare Hilfe war (www.to-tuscany.com) * Heather von Sapori e Saperi (www.sapori-e-saperi.com) dafür, dass sie eine Quelle der Weisheit war und mich der inspirierenden Suppenmeisterin Elena Pardini und ihrem Übersetzer/Führerfreund Massimo Benedetti (www.massimobenedetti.com) vorgestellt hat * Pat, Maria, Helen, Glen und dem Nat-Geo-Traveller-Team für ihre Geduld mit meiner Nomadennatur * Für die Hilfe, hinzukommen: www.carrentals.co.uk und www.internationalrail.com * Für die Hilfe, dort unterzukommen: www.booking.com * Und schließlich Danke an Antonio Federici und unsere *bella* Ella Francesca dafür, dass sie meine Interview-Transkripte, meine Quälereien und meine Abwesenheiten ertragen haben. Bleibt cool und kocht weiter!

ÜBER DIE FOTOGRAFIN

Die australische Fotojournalistin Susan Wright hat das letzte Jahrzehnt damit verbracht, durch Italien zu reisen und großartige Reise-, Lifestyle- und Porträtbilder für angesehene internationale Zeitschriften, Buchverlage und Firmenkunden einzufangen. Ihre Italienbilder schmückten unter anderem die Seiten von *Australian Gourmet Traveller, Lonely Planet Traveller, Travel + Leisure, Delicious, Vogue Paris, Saveur, Monocle* und zahlreichen Airline-Magazinen.

Geboren auf einer Rinderstation im ländlichen Australien entdeckte Susan ihre Leidenschaft fürs Fotografieren vor 20 Jahren, als sie begann, für das Tourismusministerium zur Förderung der Tourismusindustrie spektakuläre australische Landschaften und Städte zu fotografieren. Als Susan 2003 nach Italien kam, verliebte sie sich sofort in das *bel paese*, seine Kultur, sein Essen, seine Geschichte – und diese Liebesaffäre dauert bis heute an: »Italien war eine so inspirierende Umgebung für mein künstlerisches und persönliches Wachstum. Meine Reisen durch einen großen Teil Italiens, während ich Bilder seiner spektakulären und vielfältigen Landschaften, seiner Kulturen, seiner Küche und regionaler Charakterzüge machte, hat meine Wertschätzung und Liebe für dieses Land und seine Großartigkeit und Komplexität weiter vertieft.«

Zurzeit lebt Susan in Rom und ihre Faszination von der ewigen Stadt und ihr Wissen über sie sind in ihrem vierten Buch *Rome Secrets* manifestiert, einer Bilderreise durch die charakterreichen Nebenstraßen und Viertel der Stadt, gesehen durch die Augen einer Wahlrömerin. Besuchen Sie Susans Portfolio und Bilderarchiv auf www.susanwrightphoto.com.

DANKSAGUNGEN

Ich habe so vielen Menschen zu danken, die mir bei der nötigen Koordination und Logistik geholfen haben, um in alle Ecken Italiens zu reisen und diese Sammlung von Bildern für Lonely Planet zu fotografieren. Tausende Kilometer durchquert, tausende Bilder fotografiert und tausende köstlicher Kalorien verzehrt – es war eine unvergessliche und bereichernde Erfahrung. Besonderer Dank gebührt Enrico Soresini von International Rail Ltd. dafür, dass er mir einen Global Pass in der Business Class verschafft hat * Claudia Porrello, PR-Koordinator im »Four Seasons« in Florenz für das Organisieren von Unterkunft und Mahlzeiten * Ginevra Notarbartolo vom Baglio di Pianetto in Sizilien für die Unterkunft und Hilfe beim Organisieren anderer Orte nahe Palermo * Manuela Oregna von der »Villa Sandi« in Valdobbiadene für das schöne Zimmer und die Mahlzeiten * Danke an Vito Signati von der Azienda Speciale CCIAA Matera für die Organisation von allem Nötigen im Basilikata-Teil der Reise * Booking.com für die Unterkünfte in Modena, Bologna und Mantova * Daniela Di Giovanni, Presse-Managerin beim Ente Turismo (Alba Bra Langhe Roero) in Alba für das Organisieren einer Unterkunft und den Kontakt zum Trüffelsucher Roberto Bovetti und seinem bezaubernden Hund Alba * Lynsey Devon und der Belegschaft von Heaven Publicity Ltd. für das Herstellen des Kontakts zu Köchen und das Organisieren der Unterkunft in Alto Adige * Antica Corte Pallavicina Relais für den Transfer, die Unterkunft und die Mahlzeiten * Enrico Rufini und Gina De Bellis für die Unterkunft und die Mahlzeiten im Palazzi Rufini * Sarah Barrell für ihre wunderbaren Worte, ihre Professionalität und ihre Unterstützung bei dieser Aufgabe * Alessandra Poli und Claire Northcote für das Organisieren der großartigen Orte * Helen Young, ASAP Ventures Ltd. und Carrentals für das Auto in Apulien * Alessandro Scordato für seine Begleitung in den schönen Orten Bagheria und Porticello in der Nähe von Palermo * Danke an all die Fahrer, die mich sicher an meine Ziele gebracht haben * Danke an die Bancogiro-Mannschaft in Venedig dafür, dass sie meine Geräte und mich in der ungünstig abgestimmten Zeit des Hochwassers in Venedig sicher auf trockenen Boden gebracht haben * Marco Luperto für seine Hilfe bei Fotoarbeiten in Apulien * HR Ambassador Hotel in Neapel für die Erlaubnis, ihre großartige Panoramaterrasse auf dem Dach zu benutzen * Danke an all die freundlichen Mitreisenden, die ich auf dieser Reise getroffen habe und die mir geholfen haben, meine Geräte die Treppen auf den Bahnsteigen aufwärts und abwärts zu transportieren, die mir bei Zügen, Flugzeugen, Bussen und Fähren hinein und hinaus geholfen haben * Danke an unseren Herausgeber Robin Barton für seine umsichtige Leitung und seine Ermutigung * Danke an meine Familie für ihre fortwährende Unterstützung auf meiner kreativen Reise * Und am allermeisten – ein besonderer Dank an all die großartigen Küchenchefs und Köche, die ich bei dieser Aufgabe getroffen und fotografiert habe. Ihr Engagement und ihre harte Arbeit und auch ihre Begeisterung und ihre Leidenschaft für ihre regionale Küche und Tradition sind wahrhaftig inspirierend.

Produktmanagement: Doreen Brodowsky
Übersetzung: Gabriele Lichtner
Textredaktion: Doreen Köstler
Korrektorat: Annika Genning, www.text-genuss.de
Satz: Silke Schüler
Umschlaggestaltung: Caroline Daphne Georgiadis, Daphne Design
Alle Fotos stammen von Susan Wright.

Printed by Neografia Martin in Slovakia

Sind Sie mit diesem Titel zufrieden? Dann würden wir uns über Ihre Weiterempfehlung freuen.

Erzählen Sie es im Freundeskreis, berichten Sie Ihrem Buchhändler oder bewerten Sie bei Onlinekauf. Und wenn Sie Kritik, Korrekturen, Aktualisierungen haben, freuen wir uns über Ihre Nachricht an Christian Verlag, Postfach 40 02 09, D-80702 München oder per E-Mail an lektorat@verlagshaus.de

Unser komplettes Programm finden Sie unter

 www.christian-verlag.de

Alle Angaben dieses Werkes wurden von der Autorin sorgfältig recherchiert und auf den neuesten Stand gebracht sowie vom Verlag geprüft. Für die Richtigkeit der Angaben kann jedoch keine Haftung übernommen werden.

Die Deutsche Nationalbibliothek verzeichnet diese Publikation in der Deutschen Nationalbibliografie; detaillierte bibliografische Daten sind im Internet über http://dnb.d-nb.de abrufbar.

Copyright © 2017 für die deutschsprachige Ausgabe:
Christian Verlag GmbH, München

Die Originalausgabe mit dem Titel *Italy – From The Source* wurde erstmals 2015 im Verlag Lonely Planet Global Ltd. veröffentlicht.

Copyright © 2015 für den Text: Sarah Barrell
Copyright © 2015 für die Fotos: Susan Wright
Copyright © 2015 für die Illustrationen: Louise Sheeran
Copyright © 2015 für Layout und Design: Amanda Scope

Alle deutschsprachigen Rechte vorbehalten.

ISBN 978-3-95961-105-3